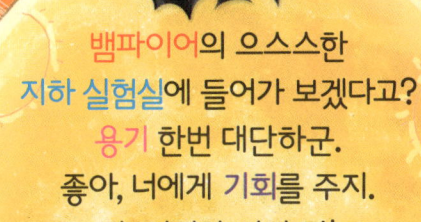

뱀파이어의 으스스한
지하 실험실에 들어가 보겠다고?
용기 한번 대단하군.
좋아, 너에게 기회를 주지.
단, 이것만 지켜 줘!

· 뱀파이어 정체 소문내지 않기!
· 실험 도구 함부로 만지지 않기!
· 실험한다고 밤새지 않기!

감수·손영운(과학 저술가)

서울대학교를 졸업했으며, 그동안 쓴 책으로는 《청소년을 위한 서양과학사》《손영운의 우리 땅 과학답사기》 등이 있습니다. 현재 과학 저술가, 좋은 교양 만화 기획자로 활동하고 있습니다.

지음·노지영

KBS와 EBS 어린이 프로그램 작가로 활동하다가 지금은 어린이 책을 쓰고 있습니다. 그동안 지은 책으로는 《떴다 지식 탐험대》, 〈스토리텔링 과학〉 시리즈의 《미스터리 과학》《탐정 과학》 등이 있습니다.

그림·신혜영

2001년 '대원수퍼만화대상' 공모전에서 가작으로 당선돼 만화계에 들어섰습니다. 펴낸 책으로는 〈퀴즈! 과학상식〉 시리즈의 《SOS 쓰레기 과학》《황당 직업》《황당 불량 과학》 등이 있습니다.

2016년 3월 20일 개정판 1쇄 펴냄
2020년 7월 10일 개정판 7쇄 펴냄

지음 · 노지영   **그림** · 신혜영
감수 · 손영운(과학 저술가)
채색 · 최윤열

펴낸이 · 이성호
펴낸곳 · (주)글송이

편집/디자인 · 임주용, 최영미, 한나래, 권빈
마케팅 · 이성갑, 윤정명, 이현정, 김병선, 문현곤, 조해준, 이동준
경영지원 · 최진수, 박민숙, 이인석, 진승현

출판 등록 · 2012년 8월 8일 제2012-000169호
주소 · 서울시 서초구 능안말1길 1 (내곡동)
전화 · 578-1560~1 **팩스** · 578-1562
홈페이지 · www.gsibook.com

ⓒ글송이, 2016

ISBN 979-11-7018-181-1 74400
      979-11-7018-179-8 (세트)

*이 도서의 국립중앙도서관 출판시도서목록(CIP)은 서지정보유통지원시스템 홈페이지
(http://seoji.nl.go.kr)와 국가자료공동목록시스템(http://www.nl.go.kr/kolisnet)에서
이용하실 수 있습니다. (CIP제어번호: CIP2015030019)

미스터리를 해결하는 **뱀파이어 어린이 과학 탐정단!**

뱀파이어 어린이 과학 탐정단! 이름만 들어도 정말 근사하지요?
이 탐정단은 과학의 힘과 뱀파이어의 초능력으로 미스터리한
사건을 해결하는 어린이 탐정단이에요.
번개와 천둥이 몹시 치는 날, 반뱀파이어인 주인공 피모아의 반에
의문의 소녀가 전학을 와요. 이때부터 피모아가 속해 있는
뱀파이어 탐정단은 알게 모르게 위기에 빠지지요.
뱀파이어 탐정단에게 어떤 일들이 일어날지 기대해 보세요!
이 책에는 오렌지로 꼬마전구 켜기, 빛의 굴절 실험하기,
크로마토그래피 실험하기, 금성의 일식 관찰하기 등 신기하고
재미있는 과학 실험이 나와요. 그리고 고대 이집트에서 발견된
좀비의 흔적, 한여름에 얼음이 발견되는 얼음골 등 과학으로
풀기 어려운 미스터리한 이야기들도 소개되어 있답니다.
이 책을 통해 재미있는 이야기도 읽고, 다양한 과학 상식도
쌓아 보세요. 그리고 여러분도 멋진 어린이 과학 탐정이
되어 보세요!

과학 저술가 **손영운**

MYSTERY
수상한 과학 실험실을 조사하라!
MYSTERY

으흐흐! 다들 나를 기억하겠지?
뱀파이어와 인간 사이에서 태어난 반뱀파이어
피모아를 말이야. 오랜만이라 반갑군.
그런데 얼마 전, 우리 집에 반갑지 않은 손님이
나타났어. 나보다 나이가 400살쯤 많은 뱀파이어
스파이더 파워레인저 합체 고모할머니야!
지금 그 손님이 우리 집 지하 비밀 공간에 실험실을
차려 놓고 미스터리한 실험을 시작했대.
도대체 어떤 실험을 하는 걸까? 너희도 궁금하지?
나와 함께 수상한 지하 실험실을 조사해 볼 사람?
두근두근 가슴 뛰는 흥미로운 실험 마니아 친구라면
대환영이야. 너! 그래, 좋아! 너를 나와 내 친구들이 만든
뱀파이어 탐정단, 제삼의 멤버로 인정할게.
지금부터 온몸의 감각을 바짝 세우고 나와 함께
미스터리한 과학 실험실로 몰래 들어가 보자!

From 반뱀파이어 피모아

차례

프롤로그
과학 실험실의
공포 괴담
···· 9

1 번개, 천둥과 함께
날아온 오로라
···· 18

MYSTERY
고대 이집트 전구의
미스터리 · 29

2 한밤중의
이상한 실험
···· 31

3 교장실에서 일어난
도자기 파손 사건
···· 46

MYSTERY
연금술사와
현자의 돌 · 57

4 도자기를 훔쳐간
도둑의 정체는?
···· 59

5 오로라의
수상한 지하 실험실
···· 70

MYSTERY
얼음골의 오싹한
미스터리 · 83

6 크로마토그래피로
밝혀낸 진짜 협박범
···· 85

7 오로라와 함께 비너스 쇼를! ···96

MYSTERY 지옥으로 변한 미의 여신 ·109

8 뱀파이어 탐정단, 좀비 마을에 가다! ···111

9 끔찍한 쐐기풀 독의 해독제를 찾아라! ···122

MYSTERY 고대 이집트에서 발견된 좀비의 흔적 ·137

10 거울에 나타난 미스터리한 글자 ···139

11 뱀파이어 탐정단, 지하 실험실에 갇히다! ···152

MYSTERY 하늘에 태양이 세 개? ·165

12 변장수와 탐정단의 아찔한 게임 한판! ···167

에필로그 연기처럼 사라진 오로라가 보낸 편지 ···180

프롤로그

과학 실험실의 공포 괴담

  그날 아침은 시작부터 정말 우중충했어. 아니, 사실 뱀파이어들에게는 더없이 좋은 날씨였지. 뱀파이어들은 해가 반짝 떠오른 맑은 날을 별로 좋아하지 않거든.
  "꺅! 피모아! 9시야. 얼른 일어나!"
  아래층에서 들려온 엄마의 비명에 놀라 깨어 보니 방 안은 아직 어두컴컴했어. 해 뜨기 전 새벽처럼 말이야. 나는 창가로 가서 두꺼운 커튼을 걷어 냈어. 희미한 기운이 방 안으로 스며들었지만 여전히 어두웠고, 검은 구름이 가득한 하늘에서는 비가 추적추적 내리고 있었지. 뱀파이어 가족이 늦잠을 자기에는 좋은 날씨였던 거야.

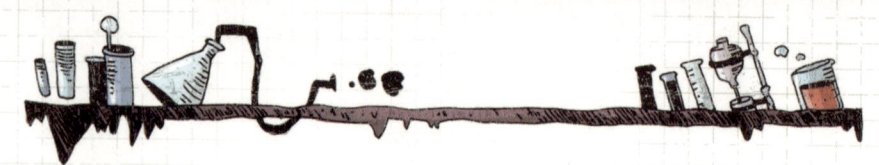

고양이 세수와 3초 칫솔질을 마친 나는 서둘러 집을 나섰어.

"다녀오겠습니다!"

엄마는 담임 선생님에게 전화해 **거짓말**을 하느라 내가 하는 인사 따위는 듣지 못한 것 같았어. 엄마 말대로라면 나는 밤새 열 감기로 한숨 못 자고도 학교를 가야겠다고 우기는 모범생이 되어 있었지.

"야호!"

아이들이 네모난 교실에 착착 들어가 버린 뒤의 거리는 정말 신났어. 텅 빈 거리는 걸릴 게 없었고 비에 젖은 땅은 스케이트보드를 훨씬 스릴감 있게 만들어 주었지. 아쉬운 게 있다면 그 바람에 너무 빨리 학교에 도착했다는 점이야.

드르륵~.

나는 최대한 조용히 뒷문을 열었지만, 29명 전부가 뒤를 돌아보았어. 다들 수업보다는 수업을 방해하는 누군가를 환영하고 싶었던 것 같아.

"모아야! 아프다면서 하루 쉬지 그랬니?"

"콜록콜록! 이제 괜찮아요."

나는 빗물이 뚝뚝 떨어지는 우비를 벗으며 거짓 연기를 했어. 선생님은 어땠을지 모르지만 내 연기를 단번에

알아챈 사람이 있었어. 바로 장강해!

"피모아! 너 거짓말이지?"

"뭐가?"

"감기 말이야. 솔직히 말해. 늦잠 잤지?"

"콜록콜록! 아니야. 진짜 밤새 아팠어."

"쳇! 아픈 애가 이렇게 비를 흠뻑 맞으며 스케이트보드를 타고 오냐? 그리고 또……."

강해가 탐정 흉내를 내며 말을 이었어.

"그 양말! 서둘러 나오느라 짝이 안 맞는 것도 몰랐지?"

헉! 내 바지 아래로 드러난 양쪽 양말의 색이 서로 달랐어. 하나는 흰색, 또 하나는 짙은 회색인 거야. 나는 강해 옆에 앉은 내 친구 고수의 눈치를 살피며 강해를 노려보았어.

 2교시가 시작될 때쯤에는 빗줄기가 훨씬 굵어졌어. 지루한 수학 문제를 푸는 동안 번개가 치더니 곧이어 천둥소리도 들려왔지.
 우르르르릉 콰콰쾅!
 "5초! 와! 이번엔 진짜 가까운 데다!"
 수학 문제를 다 푼 고수는 번개가 치고 천둥소리가 들리기까지의 시간을 재고 있었어. 그 시간이 짧을수록 번개가 가까운 곳에서 친 거라나?
 그때 귀가 번쩍 뜨이는 소리가 들려왔지.
 "얘들아, 선생님이 무서운 이야기 하나 해 줄까?"
 아이들이 큰 소리로 환호를 하자 선생님은 '쉿!' 하며 교실 불을 다 끄라고 하셨어. 불이 꺼지자 교실 안은 해가 진 저녁처럼 어두컴컴해졌지.
 "이건 다른 학교의 선생님이 직접 겪었던 일이야."
 으흐흐흐~, 학교 괴담. 그것도 실제로 있었던 일이라니……. 기대감에 침이 꼴깍 넘어갔어.
 "그 학교에는 이전부터 이상한 일들이 종종 일어나곤 했대. 늘 과학 실험실에서 일어났는데, 예를 들면 밤사이에 실험실 집기들이 어지럽게 널려 있던가, 칠판에 이상한 글씨들이 쓰여 있던가 하는 일이었지."

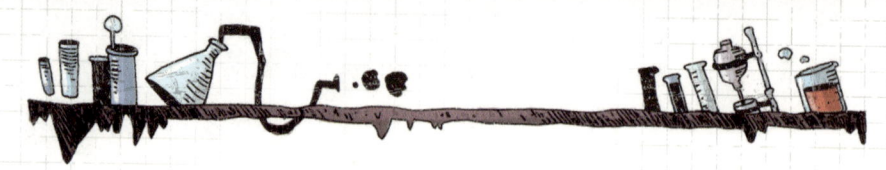

"으아아아아~, 무서워!"

보름이가 엄살을 부리며 이야기의 흐름을 깨자 다른 아이들이 일제히 야유를 보냈어.

"일을 모두 마치고 밤 10시가 넘어서 집으로 돌아가려던 그 선생님은 운동장에서 3층 과학 실험실에 불이 켜져 있는 것을 발견했어. 그런데 실험실 안쪽으로 여러 사람의 그림자가 어른거렸대. 선생님은 이상하게 생각하고 건물 안으로 들어갔대. 그리고 3층으로 올라가 천천히 불이 켜진 실험실로 향했지. 그런데 거의 다 갔을 즈음 갑자기 실험실 불이 꺼졌다는 거야."

"엄마아악!"

이번엔 서우였어.

선생님은 조용히 하라고 주의를 주고는 계속하셨어.

"가만히 다가가 보니 실험실 안쪽에서 희미한 불빛이 새어 나왔대. 그건 작은 **알코올램프**가 타는 불빛이었는데, 긴 머리의 여자아이가 혼자 앉아 무언가를 하고 있었지. 선생님은 다가가 이렇게 말했어. '얘, 너 집에 안 가니?'"

나는 갑자기 등 뒤가 서늘해지는 기분이 들었어.

"아이는 마치 아무 소리도 못 들은 것처럼 작은 움직임도 없이 가만히 앉아 있더라는 거야. 그래서 더 큰 소리로

호통을 쳤대. '선생님 말 안 들려? 얼른 집으로 가!'
그러자 아이가 스르르 일어나 아무 말 없이 나가더래."
　　번쩍번쩍……. **우르르릉 쾅!**
　　번개, 천둥과 함께 선생님의 이야기는 절정을 향해 갔어.
　　"그 아이가 실험실에서 나가자 갑자기 여기저기서
사람들이 웅성거리는 소리가 들리더니 책상마다 놓여 있던

알코올램프에서 불이 켜지기 시작했지. 그러더니 책상에 있던 멀쩡한 유리 비커가 바닥으로 떨어졌어. 그 선생님은 겁에 질려서 실험실 밖으로 나가려고 했대. 그런데 그때 누군가 실험실 문을 두드리더라는 거야.

똑똑! 똑똑똑! 그러더니 잠시 후에 갑자기 문이……."

드르륵~.

우리 반 앞문이 열린 게 바로 그때였어.

"으아아아아악!"

선생님을 포함한 26명쯤의 비명, 그중 반쯤 되는 아이들이 바닥으로 주저앉거나 책상 아래로 숨어들었고 나머지 반은 얼음처럼 굳어 버렸지.

교실 문 앞에는 검은색 비옷을 입은 여자아이가 서 있었어.

"여기가 4학년 3반이 맞지?"

선생님이 하시던 이야기 속에서 튀어나온 것 같은 여자아이가 으스스한 눈빛을 드러내며 이렇게 말했어.

1

번개, 천둥과 함께 날아온 오로라

　선생님은 낯선 여자아이를 전학생이라고 소개했어.
"안녕? 나는 오로라야. 루마니아에서 오늘 아침에 도착했어. 와서 보니 일단 한국이 참 마음에 들어. 이렇게 좋은 날씨가 얼마나 계속될지 모르지만 말이야. 난 너희와 비슷해 보이지만 나이가 400살쯤 더 많아. 그래도 뭐, 같은 반에서 공부하기로 했으니까 친구로 지내는 게 좋겠지? 캬캬캬."
"헐~! 쟨 뭐냐?"
　고수가 얼빠진 표정으로 턱을 길게 늘어뜨리며 한마디 했어. 가만히 보니 우리 반 대부분의 아이들이 모두 비슷한

표정을 짓고 있었지. 선생님도 꽤 당황한 것 같았어.

"로라는 개그우먼이 꿈이니? 자기소개가 독특하네. 하지만 친구들이랑 빨리 친해지려면 지금부터는 솔직한 모습을 보여 주는 게 좋겠다. 알겠지?"

"그건 걱정하지 마세요. 전 늘 너무 솔직한 게 탈이죠. 하하하하!"

그 애는 커다란 여행 가방을 번쩍 들어 올리더니 교실 맨 뒤의 빈자리로 가서 앉았어. 그러더니 수업 시간 내내 잠만 잤어.

"아하함~, 아직도 안 끝났어?"

오로라는 자다 깨면 딱 이렇게 묻고는 또 코를 드르렁거리며 잠에 빠져들었어. **공포 영화 속 여주인공**이 갑자기 코믹 영화의 엽기 주인공으로 변하는 순간이었지. 선생님은 오로라에게 몇 번 주의를 주다가 마침내는 포기하신 듯 보였어.

"무슨 귀신?"

"실험실에서 알코올램프를 켜던 귀신들 말이야."

"하하하! 실험실 귀신들이 이번엔 전깃줄을 가지고 실험이라도 한단 말이야?"

강해가 배를 잡고 깔깔대며 웃었어.

"낙뢰가 변압기를 파괴하면 정전이 될 수 있어."

고수가 어둠 속에서 중얼거렸어.

"낙뢰? 그게 뭐야?"

강해가 고수에게 가까이 다가앉으며 물었어.

"벼락 말이야. 쉽게 설명하자면……, 어? 내 스마트폰이 어디 갔지? 아, 맞다! 선생님께 냈지?"

고수는 '과천소'에 낙뢰에 대해 질문하려고 한 걸 거야.

과천소는 '과학 천재 소년 소녀들'의 줄임말이야. 한마디로 좀 똑똑한 애들이 모여 만든 인터넷 카페지. 거기 회원인 고수는 제법 잘났어. 잘난 체를 하지 않아도 잘난 티가 줄줄 흐르지. 게다가 무엇이든 척척 알려 주는 멋진 스마트폰까지 가졌으니 말 다했지 뭐. 고수의 스마트폰은 진짜 부러워. 마치 요술 램프 속 지니처럼 주머니 속에 있다가 필요할 때면 나타나 원하는 답을 척척 알려 주거든. 내 구닥다리 휴대 전화는 늘 멍청한데 말이야.

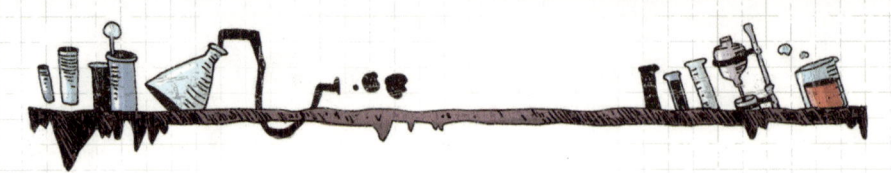

"아, 깜깜해. 누구 혹시 휴대 전화 안 낸 사람 있어?"

보름이가 큰 소리로 물었지만 대답하는 아이가 하나도 없었지. 그때 어둠 속에서 오로라가 커다란 여행 가방을 책상 위에 '탁' 하고 올리며 말했어.

"요만한 교실 하나 밝히는 거라면 엎드려 피 마시기지!"

"뭐, 뭐? 피, 피 마시기?"

강해가 눈살을 찌푸리며 물었어.

"난 어두운 게 좋지만 너희와 친구가 된 기념으로 내가 불 좀 켜 준다고!"

오로라는 가방 속을 뒤지더니 무언가를 주섬주섬 꺼냈어. 그러더니 바로 앞에 있던 강해와 내 식판 위에 담긴 오렌지를 집어 들었어.

"어?"

"지금 뭐 하는 거야?"

강해가 짜증 섞인 목소리로 물었지만 오로라는 들은 체도 하지 않았어. 나라면 절대 그러지 못했을 거야. 하긴 강해가 먹을 거 빼앗기는 걸 얼마나 싫어하는지 오로라는 알 리가 없지.

오로라는 오렌지 2개를 각각 반으로 잘라 4조각으로 만들고 오렌지 1조각에 직사각형 금속판을 2개씩 꽂았어.

"저게 아연판이랑 구리판이야."
고수가 작은 소리로 중얼거렸어.
"뭔 판?"
"저기 금속판 말이야. 전지를 만들려면 전극 판이 필요한데, 아연판과 구리판이 그 역할을 하는 거야. 아연은 전자를 내놓으면서 $-$극을 띠게 되고, 구리는 전자를 받아들이면서 $+$극을 띠게 되는 거지."
 솔직히 나는 고수가 하는 말이 무슨 뜻인지 하나도 알아듣지 못했어.
 오로라는 곧 집게 전선들을 가지고 금속에 연결했어. 그러자 작은 전구에 불이 들어왔지.

"어때?"

거드름을 피우는 오로라의 표정과 달리 아이들의 반응은 무척 실망스러웠어. 불빛이 너무 희미해서 눈에 띄지도 않을 지경이었거든.

"애걔!"

"풉! 그게 뭐냐?"

오로라는 조금 당황한 것 같더니 가방 속에서 무언가를 주섬주섬 찾아 꺼내 놓았어.

바나나, 감자, 콜라, 오렌지, 주스, 숯, 알루미늄 포일, 컵······.

오로라는 눈 깜짝할 사이에 바나나, 감자, 콜라, 오렌지 주스와 숯에 금속판을 꽂고 전선들을 연결했어.

"혹시 너희 아빠 **마술사**냐?"

강해가 물었어.

"하하하! 다 됐어. 이게 다 내가 만든 전지들이지. 자, 이제 모든 전구에 불을 켜 볼까?"

오로라가 집게 전선을 연결하자 전구 하나하나에 불이 들어오기 시작했어. 마지막 전구에 불이 켜질 때쯤······.

"와! 전기 들어왔다."

교실 전등이 환하게 켜졌어. 그리고 오로라의 전구들은

금세 빛을 잃었어.
 교실로 막 들어온 선생님이 오로라에 말했지.
 "오로라! 책상 위에 그 지저분한 것들 얼른 치워라."
 크큭, 그때 오로라의 표정을 직접 봤어야 하는데!
 수업이 모두 끝나고 고수와 나는 집 근처 학원으로 향했어. 하늘에는 **먹구름**이 걷혀 있었어.
 그런데 학교에서부터 쭉 우리를 따라오는 사람이 있었어. 그건 바로 오로라였어. 오로라는 계속 주위를 두리번거리며 휴대 전화로 무언가를 확인하는 듯 보였지.
 "미행하는 걸 들킬까 봐 일부러 딴청을 부리는 거 같아."
 고수가 말했어.
 "왜 날 미행하는 걸까?"
 "너? 왜 너라고 생각해? 나일 수도 있잖아."
 고수가 고집을 부렸지만 나도 질 수 없었어.
 "너? 에이, 나한테 고백할 게 있는 게 분명해."
 사실 오로라가 학교에서 눈을 뜨고 있었던 시간은 별로 없었지만 그럴 때마다 나랑 눈이 마주쳤거든.
 "좋아. 그럼 내기하자. 저기 갈림길에서 너는 오른쪽으로 가. 나는 왼쪽 길로 갈게. 오로라가 누굴 따라오는지

보자."
 "좋아!"
 내 제안을 고수도 흔쾌히 받아들였어.
 드디어 갈림길이 나오고 나는 왼쪽 길로 걸어갔어. 그리고 슬며시 고개를 내밀어 보니까 오로라가 내 쪽으로 걸어왔어.
 '음하하하하하!'
 순간 고수가 지을 표정을 상상하니 절로 웃음이 났어. 나는 오로라가 다가오기를 기다렸다 말을 건넸지.
 "내게 하고 싶은 말을 해도 돼. 아무에게도 말하지……."

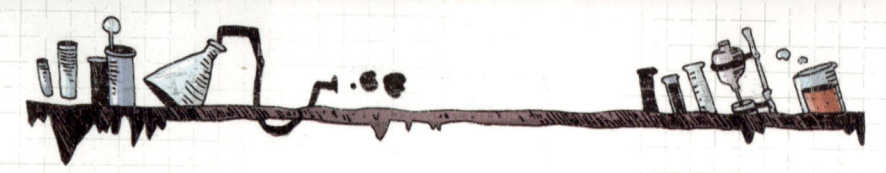

어? 그런데 오로라는 나를 그냥 지나쳐 가는 거야.
"우하하하, 하하하~, 아이고 웃겨라!"
골목에 쩌렁쩌렁 울리는 고수의 웃음소리. 으~, 창피해.
오로라는 나를 따라온 게 아니었어.

과일 전지 실험

오렌지 2개를 이용해 직접 전지를 만들 수 있어. 나만의 전지를 만들기 위한 실험 준비물과 실험 방법을 알아보자.

- **실험 준비물:** 오렌지 2개, 아연판 4개, 구리판 4개, 집게 전선 5개, LED 전구
- **실험 방법**

① 오렌지 2개를 각각 반으로 자른다.

② 아연판과 구리판을 오렌지에 깊숙이 박는다.

③ 집게 전선 양쪽을 아연판과 구리판에 각각 연결한다.

④ 그림처럼 회로를 연결하면 전구에 불이 반짝!

※주의! 실험에 사용한 오렌지는 절대로 먹으면 안 돼!

미스터리 과학

고대 이집트 전구의 미스터리

고대 이집트의 덴데라에 있는 신전 벽면에는 마치 이집트 인들이 발전기와 전선으로 연결된 커다란 전기 램프(전구)를 들고 있는 것 같은 조각이 있다.
그 조각을 보고 사람들은 '고대 이집트 인들이 전기를 사용했을지도 모른다.'고 생각했다. 그러한 가설에서 출발해 전기 기술자인 발터 가른은 조각을 재현해서 '덴데라 신전의 전구'를 복원해 냈다.
전구를 받치고 있는 기둥 끝에는 판형 전극과 뾰족한 금속이 붙어 있고 그 끝은 송진으로 덮여 있다. 전구와 연결된 고무관을 통해서 공기를 빼낸 뒤에 전구 안을 진공 상태로 만들고 전류를 흘려 주면 불이 켜진다. 이 전구는 필라멘트가 없어도 진공 상태가 되면 영원히 꺼지지 않는다고 한다.
하지만 정말 덴데라 신전의 조각이 전구를 나타내는 것인지, 그리고 고대 이집트 인들이 전구를 만들어 사용했는지에 대해서는 아무것도 밝혀지지 않았다.

2
한밤중의 이상한 실험

 귀한 손님이 와 계시다.
학원 마치면 얼른 오너라! 4:30 PM

　학원에서 아빠 문자를 받았을 때 갑자기 산타할아버지가 떠올랐어. 물론 산타의 존재를 믿는 건 아니야. 그저 '뱀파이어 아빠가 산타로 변해서 선물을 안고 있다면 얼마나 좋을까?' 뭐 그런 상상을 한 거지. 기왕이면 내가 갖고 싶은 최신 스마트폰을 들고 말이야.
　'캬! 스마트폰이야말로 내게는 더없이 귀한 손님 아니, 선물일 텐데!'

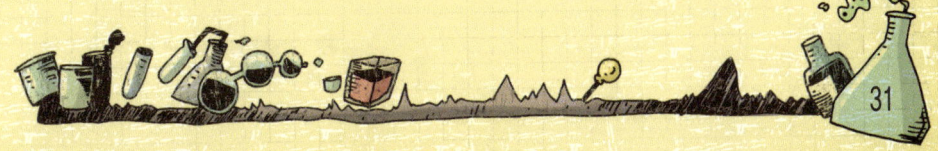

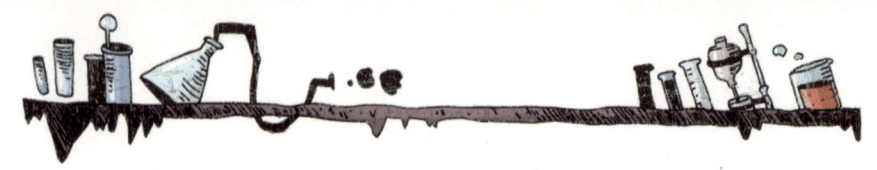

"하하하하~, 캬캬캬!"

"호호호! 고모님은 정말 재미있는 분이세요."

집 앞에 도착해서 벨을 누르려고 하는데, 집 안에서 요란한 웃음소리가 흘러나왔어. 그런데 그 웃음소리는 어딘가 모르게 익숙한 소리 같았지.

"다녀왔습니다."

현관에 들어서자마자 나는 최대한 예의 바르게 고개를 숙여 아주 오랜만에 배꼽인사를 했어. 그리고 천천히 고개를 드는데…….

"어서 와라, 모아야! 네 고모할머니이시다."

"어? 너, 너, 너는……."

세상에! 누구라고? 아빠와 엄마 사이에서 나를 빤히 쳐다보고 있는 애가?

"으잉? 네가 우리 가문의 첫 반뱀파이어란 말이냐?"

무슨 이런 황당한 일이 다 있지? 그건 오로라였어. 우리 반에 전학 와서 하루 종일 잠만 자던 그 이상한 여자아이!

"흠, 흠, 모아야, 고모할머니께 너라니!"

아빠가 나를 보고 눈을 찡긋거리시며 곤란한 표정을 지으셨어.

"아빠! 쟨 오늘 우리 반으로 전학 온 애라고요."

나는 아빠 귀에 대고 아주 작은 소리로 소곤거렸어.
"오! 그것 참 잘됐구나!"
아빠와 엄마는 오로라의 학교생활에 내가 많은 도움이 될 거라며 좋아하셨지.
그런데 나를 뚫어져라 쳐다보던 오로라가 내게 다가왔어.
"어디 자세히 좀 볼까?"

오로라는 이렇게 말하며 나를 샅샅이 훑기 시작했어.
"쯔쯧, 머리카락이 너무 가늘구나! 힘이 하나도 없어 보여. 눈빛은 아빠를 닮아 그런대로 날카롭군 그래. 콧대가 조금만 더 높았더라면 좀 더 뱀파이어다웠을 텐데 아쉬워. 송곳니는 더 자라 봐야 알 것 같고……."
이런 예의 없는 사람, 아니 뱀파이어를 봤나! 아마도 오로라는 내가 본 가장 예의 없는 뱀파이어로 영원히

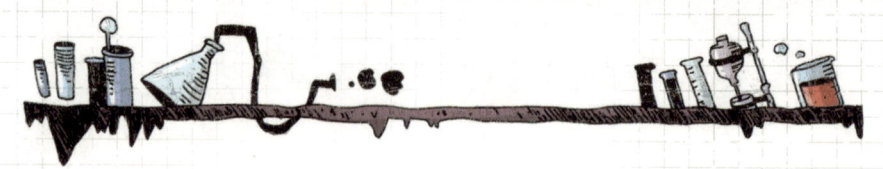

기억될 거야.

"마음에 쏙 들진 않지만 그런대로 합격이다!"

오로라가 썩소(썩은 미소)를 날리며 말했어.

나는 내 눈앞에 펼쳐진 상황을 도저히 받아들일 수 없었어. 속에서 무언가 **부글부글** 끓어오르는 것 같았지.

오로라와 아빠, 엄마의 대화는 그 후로 한 시간이나 계속되었어. 내가 깜빡 졸다 슬며시 정신이 들었을 때 어른들은 무언가 비밀스런 이야기를 주고받는 것 같았어. 나는 저절로 귀가 쫑긋해졌지.

"……현자의 망토만이 답이야. 그 망토를 발명하는 것이 내 임무지."

'현자의 망토? 그게 뭐지?'

내가 고개를 들었을 때 어른들의 대화는 거의 끝나 가고 있었어. 그리고 곧 수다쟁이 할머니는 아빠의 안내를 받으며 지하로 내려갔지.

엄마는 오늘 아침에 오로라의 연락을 받고 아빠와 함께 급히 아빠의 지하 공간을 오로라의 방으로 꾸며 놓았다고 했어. 엄마는 오로라가 우리나라에 있는 동안은 그곳에 머물게 될 거라고 했어. 문제가 점점 심각해지고 있었어.

'과연 내가 수다쟁이 고모할머니와 같은 반 친구

오로라를 동시에 얼마 동안이나 상대해야 하는 걸까?'
 나는 갑자기 눈앞이 캄캄해지는 것 같았어. 2층 방으로 올라오자 갑자기 내 속에서 강한 호기심이 고개를 들었어.
 '현자의 망토라……?'

나는 고수에게 문자를 보냈어.

 현자의 망토가 뭔지 아냐?
모르면 과천소에 좀 물어봐 주라. 지금! 9:50 PM

십여 분쯤 지나자 과천소에 올라온 답이라며 고수의 문자가 날아왔어.

 이 밤중에 또 어디서 이상한 말을 들은 거냐? 나나 과천소 회원들이나 '현자의 망토'는 처음 듣는다. 너 혹시 연금술사들이 모든 물질을 금으로 만들어 준다고 믿었던 '현자의 돌'을 잘못 말한 거냐? ㅋㅋㅋ 10:02 PM

'현자의 돌? 현자의 망토? 무슨 상관관계가 있는 걸까?' 아무리 생각해 봐도 머릿속만 복잡해질 뿐이었어. 나는 불을 끄고 침대에 누워 잠을 청했지.
 그런데 얼마나 지났을까? 창밖에서 얼핏 이상한 소리가 들려와 잠에서 깨어났어.
 타탁 타다닥 타탁 타다다닥.
'뭐지?'

커다란 창문 한가운데 보름달이 걸려 있었어. 그런데 뭔가 좀 이상했지. 달 한가운데에 검은 그림자가 움직이고 있었거든.

타닥 타다닥.

"맙소사!"

자세히 보니 그건 박쥐였어. 검은 박쥐 한 마리가 내 방 창문에 부딪치며 소리를 내고 있었던 거야.

나는 침대에서 벌떡 일어났어. 그리고 천천히 창가로 다가갔지. 나는 꼭 영화 속 주인공이 된 기분이었어. 사람이 곤충만큼 작아져서는 곤충의 말을 알아듣고 함께 모험을 떠나는 그런 애니메이션 영화 말이야.

나는 아주 천천히 창문을 열었어. 그러자 박쥐가 내게 말을 하는 게 아니겠어? 이런, 맙소사!

"아이고, 고맙다."

아니, 자세히 보니 말을 하는 건 박쥐가 아니었어. 창가에 턱 하고 걸쳐지는 손, 그리고 곧바로 올라오는 낯익은 얼굴.

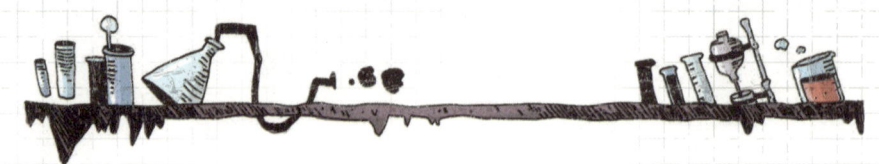

"으악!"
나는 너무나 놀라 기절하기 직전이었지.
그건 **오로라 고모할머니**였어. 오로라가 창문턱을 넘어

방 안으로 들어오자, 진짜 박쥐도 뒤따라 들어왔지.

"하, 할머니! 여, 여긴 2층이에요."

너무 놀라 나도 모르게 존댓말이 튀어나왔어. 아니

존댓말을 쓰지 않으면 뭔가 무서운 일이 일어날 것만 같았어.

"나도 알아. **이정도 높이는 엎드려 피마시기지.** 내 조수 때문에라도 계단으로 오르내리는 것보단 이게 훨씬 낫지."

헐~. 그럼 박쥐가 오로라의 조수라는 거야?

"어디 보자~, 뭐 쓸 만한 게 있나?"

오로라는 내 방 구석구석을 뒤지기 시작했어.

"지금 뭐 하시는 거예요?"

"아주 중요한 물건을 만들 건데, 혹시 도움이 될 만한 게 뭐가 있나 찾는 거지."

오로라의 말에 나도 모르게 '현자의 망토요?'라는 물음이 튀어나올 뻔했어.

오로라는 옷깃에서 커다란 헝겊 주머니를 꺼내더니 이상한 것들을 아주 정성스레 주워 담고 있었어. 책상 위에 떨어진 지우개 가루, 쓰레기통에 깎아 버린 발톱, 코 푼 휴지, 고무로 만들어진 거미 장난감, 말라 버린 껌 조각, 먼지 쌓인 오징어 다리……. 대부분 쓰레기통과 책상 아래의 먼지 쌓인 구석에서 찾아낸 것들이었지.

"우엑! 더럽게 그걸 어디다 쓰시게요?"

"떽! 더럽다니!"

오로라가 눈을 흘기며 큰 소리로 야단을 쳤어. 그러더니 내 책장 위에 있는 투명한 사각 통에서 공룡 피규어들을 바닥으로 쏟아 버렸지.

"여기에 물을 3분의 2쯤 채워 오너라. 그러면 내가 아주 중요한 사실을 알려 주지."

나는 어른들이 아이들에게 무언가를 시키는 걸 좋아하지

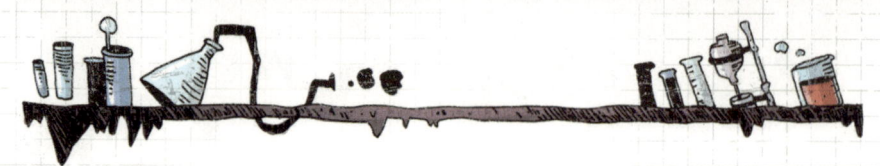

 않아. 하지만 스파이더맨처럼 벽을 타고 다니는 400살이 넘은 할머니의 말을 거부할 수는 없었어.

 내가 물을 담아 오자 오로라는 책상 위 컵에 남겨진 우유 몇 방울을 수조 안에 떨어뜨렸지. 물 색이 희뿌예졌어.

 "이렇게 해야 물속에서 빛이 나아가는 방향을 관찰하기 쉽지. 방 불 좀 꺼 줄래?"

 내가 오로라가 시키는 대로 방 안 불을 끄자 오로라는 손가락 끝에서 붉은색 레이저 불빛을 쏘아 보였지.

 "우와! 할머니의 초능력이에요?"

 아니, 자세히 보니 레이저 불빛은 오로라의 손가락에서 나온 게 아니라, 오로라가 들고 있는 **레이저 포인터**에서 나오고 있었어. 정말 다행이었지.

 생각해 봐. 400살이 넘은 뱀파이어 할머니가 영화 속 스파이더맨처럼 벽을 타고 파워레인저처럼 레이저 불빛까지 뿜어낸다면 어떻겠어? 그게 너와 한집에서 살아야 하는 너희 친척 할머니라면 말이야!

 어쨌든 한밤중의 실험은 계속되었어.

 오로라가 수조를 투명한 아크릴 판으로 덮고 위에서 비스듬하게 빛을 비추자 빛이 공기 중에서 물속으로 들어갈 때 물 표면에서 꺾여 들어가고 있었어.

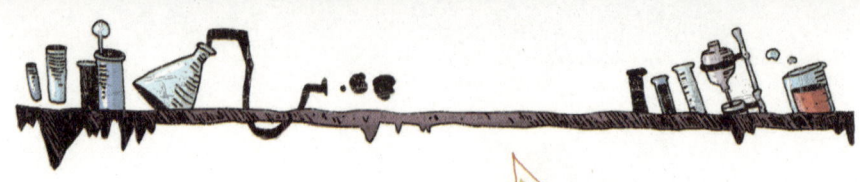

"우리는 물체에 반사돼서 나오는 빛을 통해 물체를 보는 거야. 그런데 자연계에 없는 성질을 가지도록 만들어진 **메타 물질**을 이용하면 빛의 굴절 방향이 달라지지. 그걸 이용하면 넌 나를 볼 때, 나 대신 내 몸에 가려진 배경을 볼 수 있게 되는 거야."

'엥? 가려진 배경? 벽이 보인다고? 도대체 무슨 소리인지 하나도 못 알아듣겠군!'

나는 처음으로 뱀파이어 스파이더 파워레인저 할머니의 눈빛이 반짝하고 빛이 나는 걸 발견했어. 그리고 동시에 온몸에 소름이 돋았지. 소름은 오로라가 돌아가고 난 뒤에도 좀처럼

가시지 않았어.

'오늘은 여기까지 하자. 귀여운 조카 손자야! 잘 자렴~.'

오로라의 굿나잇 인사가 계속 내 귓가에 맴돌았어.

으으, 끔찍해!

빛의 굴절 실험

오로라와 모아가 한 빛의 굴절 실험을 직접 해 보고, 실험 속 과학 상식을 알아보자.

- **실험 준비물:** 투명한 사각 수조, 물, 우유, 유리 막대, 향, 투명 아크릴 판, 레이저 포인터
- **실험 방법**

①	②	③	④
물이 담긴 수조에 우유 한두 방울을 넣고 저어 준다.	물 표면에 향을 피우고 아크릴 판으로 수조를 덮는다.	아크릴 판 위에서 레이저 포인터로 빛을 비춘다.	빛이 나아가는 모양을 관찰하고 그려 본다.

위 실험을 통해 빛은 공기 중에서 물속으로 들어갈 때 ❹와 같이 그 경계면에서 꺾인다는 걸 알 수 있어. 향을 피우는 것은 공기 중에서 빛의 이동 경로를 쉽게 관찰하기 위해서이고, 물에 우유를 넣는 것은 물속에서 빛의 이동 경로를 쉽게 관찰하기 위해서야.

3

교장실에서 일어난
도자기 파손 사건

띠리링 띠리리링~.
알람 시계가 울리기도 전에 서둘러 나를 깨운 건 전화벨 소리였어.
"모아야, 일어났지? 엄마가 급한 일이 생겨서 새벽 일찍 출근했어. 아빠도 지금 안 계실 거야. 혼자 준비하고 학교 갈 수 있지?"
"어휴~. 네, 알았어요."
어제랑 달리 오늘은 날씨가 아주 맑았어. 나는 침대에서 일어나 아래층으로 내려갔어. 욕실에 들어가 세수를 하고

  모처럼만에 머리도 감고 나왔는데 시간은 제법 여유가 있었지. 나는 부엌으로 가서 아침으로 먹을 만한 것이 뭐가 있을까 찾아보았어.

  "에? 뭐야? 아무것도 없잖아."

  밥통은 싸늘하게 식어 있었고 식빵 한 조각, 우유 한 모금도 남아 있지 않았지. 그런데 그때 마침 엄마에게서 문자가 날아왔어.

 참! 주방에 먹을 게 하나도 없을 거야. 컵라면이 있긴 한데……. 미안! ㅜㅠ   7:30 AM

  여느 때 아침처럼 그다지 배가 고프지 않았다면 엄마에게 괜찮다고 답장이라도 보내 줄 텐데, 오늘은 그럴 수가 없었어. 몹시 배가 고픈데다 아침부터 집에 혼자 남겨졌다는 사실에 짜증이 났거든. 그런데 라면과 내 불만이 퉁퉁 불어날 때, 나는 라면을 한 젓가락 들다가 깨닫고 말았어. **집 안에 나 혼자가 아니라는 사실을!** 그와 동시에 어젯밤 일들이 편집된 영화 필름처럼 머릿속으로 지나갔지.

  매너 꽝 고모할머니, 현자의 망토, 보름달과 박쥐 조수,

파워레인저 불빛…….

순간 밥맛이 아니, 라면 맛이 싹 달아나 버렸어.

나는 먹다가 만 라면을 싱크대 안으로 밀어 넣고 옷과 가방을 대충 챙겨 들고 현관으로 걸어갔어. 원래는 도망치듯 급히 집을 빠져나갈 생각이었는데…….

'오로라가 지하실에 있을까? 학교에 같이 가야 하나? 지하실을 어떻게 바꿔 놓았을까? 한번 가 볼까?'

어느새 난 지하실로 향하는 계단을 내려가고 있었지.

"고모할머니! 학교 안 가세요? 고모할머니~!"

큰 소리로 불렀지만 안에서는 아무 소리도 나지 않았어.

끼이이익~. 어두워서 잘 보이지는 않았지만 내 온 감각으로 둘러보아도 지하실은 아빠가 쓰던 그대로였고, 아무도 없었어.

'쳇! 뭐야? 벌써 학교에 간 거야?'

그런데 그때였어. 지하실을 빠져나와 문을 닫으려는데 코 고는 소리가 나지막하게 들려왔지.

'헉! 분명 아무도 없는데…….'

나는 갑자기 온몸에 소름이 돋는 듯 싸늘한 기분이 들었어. 그래서 뒤도 돌아보지 않고 얼른 집 밖으로 빠져나왔지.

교실로 들어갔을 때 오로라는 교실에 없었어. 수업을 다 마치도록 나타나지 않았지. 우리 반 누구 하나 오로라의 존재에 대해 신경 쓰지 않는 것 같았어.

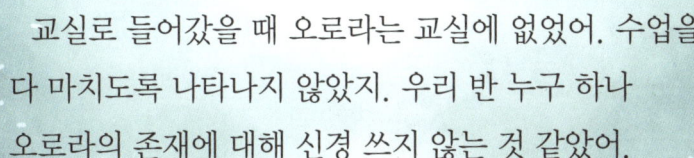

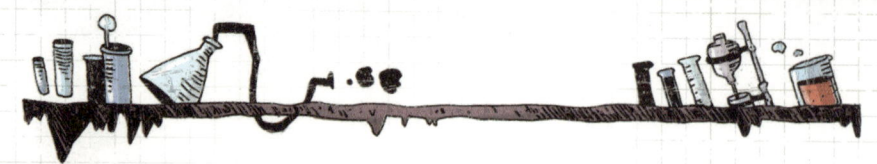

하지만 난 달랐어. 수업 시간과 쉬는 시간에 누군가 교실 문을 벌컥 하고 열 때마다 깜짝 놀랐지. 어디선가 오로라가 불쑥 나타날 것만 같았거든. 으~, 신경 쓰여.

"엉뚱한 호기심에 대한 답은 찾았어?"

방과 후 수업 교실로 향하는데 강해가 시비를 걸어왔어.

"뭔 말이야?"

"현자의 망토인지 뭔지 말이야."

"됐어. 신경 꺼!"

내가 고수를 흘겨보며 말했어. 나는 내가 없을 때 고수가 강해에게 내 이야기를 했다는 사실에 기분이 나빴어.

"피모아! 화났냐? 우린 같은 **탐정단**인데, 우리 사이엔 비밀이 없어야지."

고수가 뒤따라오며 말했어.

그래, 고수와 강해, 나! 우리 셋은 탐정단 맞지. 이름만

 그럴싸하고 제대로 내세울 활동 하나 없는 '뱀파이어 과학 탐정단'!
 참! 탐정단 이름에 뱀파이어를 붙인 건 강해야. 그렇다고 강해가 내가 반뱀파이어인 걸 알아챘다는 말은 아니야. 그냥 뱀파이어의 뛰어난 감각을 본받자나 뭐라나? 그게 본받는다고 본받아지는 거라고 착각을 하는 거지. 아무튼 그런 뜻에서 갖다 붙인 거래.
 그러고 보니 나는 오로라와 나의 관계를 강해와 고수에게 어떻게 말해야 할지 걱정이 됐어.

 고수와 나는 수요일 오후에 방과 후 수업으로 로봇 조립하기를 들어. 오늘부터 본격적으로 '라인트레이서'라는 로봇을 만들기로 했지.
 '으흐흐~, 드디어 피모아 제작 첫 로봇이 탄생하는 감격적인 순간이군!'
 선생님이 아이들 수에 맞게 부품들을 나누어 주는 동안 고수는 몰래 과천소를 들락거리고 있었어.
 "이번엔 또 뭐가 궁금한데?"
 "작동 원리! 라인트레이서는 빛을 감지해서 움직인대."
 그런데 그때, 우리가 고수의 폰을 들여다보는 순간,

강해로부터 문자가 날아왔어.

 뱀파이어 과학 탐정단! 사건 발생!
지금 당장 교장실로 출동 바람!　　　3:20 PM

　우리는 선생님께 상황을 말씀 드린 뒤 교장실로 갔어. **교장실 안은 꽤 소란스러웠어.** 선생님들과 이사 업체 사람들이 웅성웅성 이야기를 하고 있었지. 교장 선생님의 특별 허락으로 아이들 중에는 우리 탐정단만 안으로 들어갈 수 있었어. 아니, 한 아이가 더 있었어. 교장 선생님 옆에서 서우가 고개를 푹 숙인 채 울먹이고 있었지.
　강해가 대략적인 이야기를 전해 줬어.
　오늘은 교장실의 확장 공사가 끝나 다시 이사를 하는 날이었어. 그런데 교장실 책상과 집기들이 임시로 있던 곳에서 **대형 사고**가 일어난 거야. 잠시 운동장에 놓아 둔 귀한 도자기가 깨지고 만 거지. 축구를 하던 아이들이 찬 공에 맞았는데, 그건 운 나쁘게도 서우가 찬 공이었어.
　"그 도자기는 교장 선생님 집안 대대로 내려오던 건데, 내일 우리 학교 이름으로 박물관에 기증되기로 한 거래."
　강해가 주위 눈치를 보며 귓속말로 조용히 말했어.

"됐습니다. 어쩔 수 없지요. 우리 학교 학생이 찬 공에 맞았으니 이사 업체에 책임을 묻지 않겠습니다."
교장 선생님이 사람들에게 이렇게 말했어.

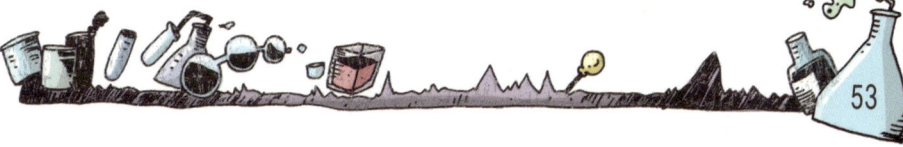

"말도 안 돼! 귀중품 관리를 소홀히 한 책임을 져야죠?"
고수가 소리치는 바람에 우리는 쫓겨나고 말았지.

교실로 돌아가는 길에 창밖을 보니, 운동장 한쪽에 늘어서 있는 여러 개의 종이 박스들이 보였어. 공에 맞아 쓰러진 종이 박스, 에어캡에 겹겹이 싸인 도자기, 에어캡에 쌓여 있는 산산조각이 난 도자기 조각들…….

"저게 에어캡이래. **뽁뽁이**라고 부르는 거 있잖아. 깨지기 쉬운 물건이 택배로 올 때 포장되어서 오는 거, 알지?"

"응, 알아. 근데 공을 얼마나 세게 찼으면 도자기가 산산조각이 나?"

"나도 그게 좀 이상해. 공이 굴러가다 상자를

쓰러뜨렸거든. 내가
봤어."
  강해가 아주 자신 있게
말했어.
  "정말 그랬다면 뭔가 수상해."
  고수와 강해가 내 말에 동의한다는
듯 고개를 끄덕였어.
  그런데 그때였어.
  "오랜만에 우리 흡! 혈! 크로스! 어때?"
  '으아아아! 얼굴 팔려! 제발 학교에서만은······.'
  강해의 갑작스러운 제안에 나는 이마에서 식은땀이
흘렀어. 마치 누군가 '너 반뱀파이어지?'라고 물어
오기라도 한 것처럼 등골도 서늘해졌지.
  "강해야! 여긴 학교잖아. 그러니까 그건 우리끼리······."
  고수 말도 통할 리 없었어.
  "뭬야? 지금 싫다는 게야?"
  강해를 말릴 사람은 우리 중에 없어. 우리 반은 물론

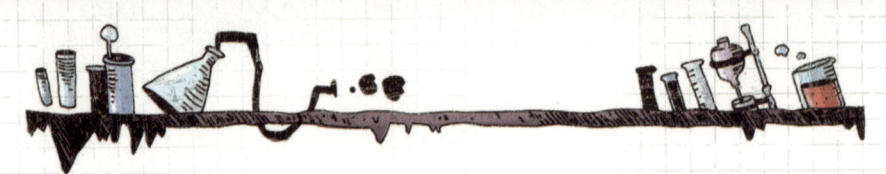

우리나라, 아마 우주 전체에서 찾기 어려울 거야.

결국 우리는 아주 오랜만에 '흡! 혈! 크로스!'를 외쳤어. 운동장에 쩌렁쩌렁 울려 퍼질 만큼 큰 소리를 낸 건 강해 혼자였지만!

라인트레이서 로봇의 원리

라인트레이서는 바닥에 그려진 선을 따라서 이동하는 로봇이야. 원리는 아주 간단해. 로봇 바닥의 발광부에서 빛을 내면 그 빛을 감지하는 센서가 흰색과 검은색의 명암을 구분한 뒤 검은색 줄을 따라가는 거지. 라인트레이서는 수십 년 동안 미로를 탈출하는 마우스 로봇, 축구 로봇 등등 로봇 대회에서 주인공으로 인기가 많았대. 그리고 실제로는 산업 현장에서 무거운 물건을 운반할 때 많이 사용되는 로봇이야.

라인트레이서 로봇

연금술사와 현자의 돌

값싼 철이나 납 등을 금덩이로 만드는 연금술은 기원전 고대 이집트에서 시작되어 아라비아를 거쳐 중세 유럽으로 널리 퍼졌다. 특히 중세의 연금술사들은 모든 물질은 기본이 되는 '어떤 것'에서부터 시작된다고 믿었다. 그래서 납을 어떤 것으로 만든 다음 뜨거운 온도와 압력을 가하거나 무언가를 첨가하면 금으로 만들 수 있다고 믿었다.

또 연금술사들은 모든 물체에는 정령이 깃들어 있고, 그 정령은 물질을 변화시킬 수 있는 힘을 지녔다고 믿었다고 한다. 그래서 만약 '현자의 돌'이라는 금의 정령을 찾으면 모든 물질을 금으로 만들 수 있다고 믿었던 것이다.

'현자의 돌은 주위에서 흔히 볼 수 있는 물질로 만든다.'
연금술사들 사이에서 전해 오는 이런 이야기 때문에 연금술사들이 실험을 계속했으나, 누구도 현자의 돌을 발견하지는 못했다.

1700년대 말, 화학자 라부아지에와 돌턴이 물질을 이루는 최소 단위인 '원자'의 개념을 정립하고 입증하게 되면서 연금술은 그저 환상에 불과하다고 밝혀졌다.

도자기를 훔쳐 간
도둑의 정체는?

뱀파이어 탐정단의 아지트는 동네 뒷산인 묘지산에 있는 폐가야. 내가 그다지 좋아하지 않는 공간이라서 강해가 오랜만에 아지트에 가서 탐정 회의를 하자고 했을 때 내키지 않았지. 하지만 막상 비참한 최후를 맞는 우리의 아지트를 보니, 온몸의 기운이 빠지는 느낌이었어.

도자기 파손 사건! 오랜만에 사건을 접수한 우리는 그대로 헤어질 수가 없었어. 그래서 우리 집으로 왔지. 그런데 새로운 사건에 집중하다 보니 집 안 어딘가에서 뱀파이어 스파이더 파워레인저 할머니가 불쑥 나타날 수도 있다는 사실을 깜빡했던 거야! 하지만 불행히도 그 사실을

깨달았을 때는 이미 아주 많이 늦은 뒤였지.

"뭐 먹을 거 없냐?"

"맞아, 배고파."

고수와 강해는 집 안에 들어서면서부터 배고프다는 사인을 보내왔지만, 나는 부엌에 내려가 봤자 아침과 다를 게 없다는 걸 알고 있었어.

"기다려! 나갔다 올게."

근처 편의점에 가 과자와 빵, 우유를 사서 나오는데, 문득 **오로라의 존재**가 떠올랐어.

"아차! 으아아악!"

나는 온 힘을 다해 뛰었어. 그런데 2층으로 올라가는 계단에서 강해의 비명이 들려왔어.

"엄마아아~악!"

방문을 열자 걱정했던 일이 벌어져 있었어.

강해는 바닥에 주저앉아 있었고 고수는 입을 벌린 채 덜덜 떨고 있었지. 두 사람이 응시하는 곳에는 오로라가 있었어. 어젯밤처럼 2층 내 방 창가에 매달린 채 말이야.

"진정해! 괜찮아! 놀라지 않아도 돼."

나는 일단 두 사람을 진정시킨 뒤에 창가로 가서 창문을 열었어. 그리고는 작은 소리로 이렇게 말했지.

"또 이렇게 올라오시면 어떡해요?"
"캬캬캬! 미안하다. 난 너 혼자 있는 줄 알았지."
그 웃음소리는 전혀 미안해하는 웃음소리가 아니었어.
"모아야, 누, 누구야?"
강해의 물음에 답을 한 사람은 오로라였어.
"얘들아, 나 몰라? 어제 새로 전학 온 오로라! 나는 모아

아빠 쪽 먼 친척, 그러니까 모아와는 사촌지간이야."

그때야 나는 다리에 힘이 풀려 자리에 주저앉고 말았어.

"오로라! 왜 자꾸 사다리를 타고 올라오는 거야? 고수랑 강해가 깜짝 놀랐잖아!"

"너만 놀란 것 같은데? 고수야, 강해야, 안녕?"

방으로 들어온 오로라가 환하게 웃으며 고수와 강해를 향해 손을 내밀었어. 그리고 물었지.

"에어캡에 싸인 도자기가 굴러 오는 공에 맞아 산산조각이 났다고?"

"응."

"푸하하하, 하하하하!"

나는 웃어 대는 오로라에게 이 사건에 대해 말해 주고 싶지 않았어.

"가만 기다려! 내가 실험실에 좀 내려갔다 올게."

오로라는 금세 **에어캡 자루**와 엄마가 아끼고 아끼느라 거실 진열장에 고이 모셔 둔 접시를 들고 나타났어. 그러더니 접시를 에어캡으로 둘둘 말았지.

"자, 잘 봐!"

오로라는 에어캡으로 포장된 접시를 이리저리로 던졌어. 그러더니 바닥에 놓고 밟고 올라가는 게 아니겠어?

"할머니! 그건 엄마가 가장 아끼는……. 읍!"

흥분을 하다 보니 나도 모르게 튀어나온 말이었어.

"모아, 얘는 내가 할머니를 똑 닮았다고 자꾸 나를 할머니라고 부르더라!"

에휴~, 오로라 때문에 또 위기 모면!

"좋아! 그만하지. 하지만 이렇게 해도 끄떡없을 만큼 에어캡의 충격 완화 효과는 크다고. 그런데 굴러 오는 공에 맞아 에어캡에 싸여 있는 도자기가 산산조각이 났다는 건 거짓말이야."

오로라가 자신만만하게 말했어.

"맞아! 나도 그렇게 생각해."

"그리고 이 사진! 크기가 같은 상자를 이렇게 늘어 세워 놓은 것도 이상하지 않아? 마치 공이 굴러 와 쓰러뜨려 주기를 바라는 것처럼 말이지. 꼭 볼링 핀 같잖아? 아마도 이 상자들마다 깨진 가짜 도자기들이 들어 있을지도 몰라."

"왜?"

"왜긴! 이 중 하나만 쓰러지면 그게 진짜 도자기로 둔갑하는 거지."

"와! 정말 멋진 추린데!"

 강해가 눈을 빛내며 자리에서 벌떡 일어나더니 오로라와 하이 파이브를 했어.
 "그렇다면 진짜 도자기는 범인들이 이미 어디론가 빼돌렸단 말이지?"
 강해가 그럴 듯한 추리를 내세웠어.
 "그럴 가능성도 있지. 아마도 이 일은 그 도자기가 값이 꽤 나가는 물건이라는 것을 알았던 자의 짓일 거야. 처음부터 계획적으로 도자기를 노린 거지."
 오로라의 말에 우리 셋은 헉 하고 놀랐어.
 "그럼, 깨진 도자기 조각들이 진품이 아닌 가짜 도자기의 조각들이라는 걸 밝히는 게 중요해. 범인들이 조각들을 없애기 전에 빨리 서둘러야 해."
 고수의 말에 강해가 자리에서 일어나며 말했어.
 "이러고 있을 때가 아니야. 일단 얼른 학교로 가 보자."
 우리는 오로라를 남겨 두고 학교로 향했어.
 학교에 도착했을 때, 이사를 다 끝낸 사람들이 막 학교를 빠져나가려던 참이었어. 오로라가 출발 전에 담임 선생님께 전화를 해 놓아서 일은 일사천리로 진행되었지.
 제일 먼저 경찰들이 도착했고 곧이어 교장실의 도자기를 기증받기로 했던 곳의 문화재 감정사가 찾아왔어.

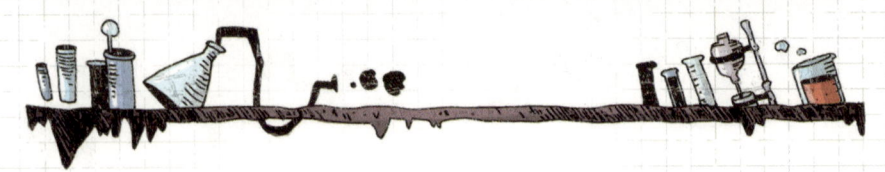

　문화재 감정사는 깨진 도자기 조각들을 잠시 살펴보더니 입을 열었어.
　"이건 얼마 전에 교장 선생님을 찾아뵙고 기증받기로 했던 그 도자기가 아닙니다. 모조품일 뿐이지요."
　"그렇다면 진품은 어디로 사라졌단 말이오?"
　교장 선생님이 이사 업체 사람들을 향해 큰 소리로 물었어.
　"저희는 정말 모르는 일입니다."
　발뺌을 하는 아저씨 이마 위에서 땀이 흘러내렸지.
　"할머니! 이럴 때 거짓말 탐지 초능력이 있는 아빠가 계시면 좋을 텐데요, 그렇죠?"
　나는 오로라에게만 조용히 귓속말을 했어.
　"그래 모아야, 그랬으면 좋았겠구나."
　아빠의 거짓말 탐지 능력은 뱀파이어들 중에서도 아빠에게서만 도드라진 능력인데, 예를 들면 옆에 있는 이의 심장 박동을 느끼거나 말하는 이의 몸에 손을 대면 피의 흐름의 변화까지 느낄 수 있는 거지. 그런데 웃긴 게 뭔지 알아? 인간 엄마는 전혀 그런 능력이 없는데도 아빠가 시시때때로 하는 거짓말을 매번 잡아낸다는 거야. 하긴 거짓말을 할 때마다 식은땀을 흘리고 눈을 못 맞추고

말을 더듬으며 손을 비벼 대는 습관까지 있는데, 누가 거짓말이라는 걸 모를 수 있겠어?

  그런데 그때였어. 이사 업체의 트럭을 조사하러 나갔던 경찰 아저씨가 교장실로 들어오며 말했어.

  "트럭에서 깨진 도자기가 든 상자가 여럿 나왔습니다."

  "야호!"

  고수와 나, 강해의 입에서 동시에 환호성이 터져 나왔지.

  "자, 이제 자백하세요. 진품은 어디다 뒀어요?"

경찰 아저씨가 이사 업체 사람들을 다그쳤어. 그러자 실장이라는 사람이 훌쩍이며 울기 시작했지.

"흑흑, 진품이 있는 곳을 말하면 죗값이 좀 줄어드나요?"

이렇게 해서 우리는 사건을 해결하고 교장 선생님은 도자기를 무사히 박물관에 기증하실 수 있게 되었지.

"조만간 우리 **탐정단의 멤버**가 늘어날 거 같지 않아?"

강해가 내게 나지막한 목소리로 물었어.

"아니! 절대로 그런 일은 없을 거야!"

나는 아주 단호한 표정으로 못을 박았어. 그런 일은 절대 일어나지 않을 거야.

뽁뽁이 에어캡 실험

- **실험 준비물**: 에어캡
- **실험 과정**

① 실험 1- 손가락으로 에어캡을 터트린다. ➡ 금방 터진다.

② 실험 2- 에어캡을 30cm 길이로 잘라 양손으로 뒤틀어 본다. ➡ 대부분 터진다.

③ 실험 3- 에어캡을 10겹 이상 둘둘 말아 손으로 뒤틀어 본다. ➡ 거의 터지지 않는다.

실험 3처럼 되는 이유는, 넓은 면적으로 펼쳐져 있는 에어캡 속의 공기 방울들이 누르는 힘을 분산시키기 때문이야. 에어캡은 물체가 충돌할 때, 충돌하는 면이 다른 물체에 닿기까지의 시간을 늘려 주면서 그 힘이 약해지도록 해. 또 여러 겹으로 감쌌을 때 생기는 공기층 덕분에 에어캡이 안 터지는 거야.

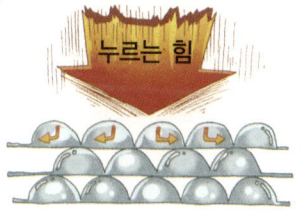

5
오로라의 수상한 지하 실험실

 여름이 되고 나는 작년보다 확실히 햇볕에 더 민감해진 걸 느낄 수 있었어. 햇볕에 노출되는 시간이 많을수록 특히 양팔이 너무 간지러워 참을 수가 없었지. 자외선 차단제를 늘 가지고 다니며 바르고, 무엇보다 나는 아무리 더워도 항상 긴팔 옷을 입어야 했어.
 "피모아! 너 안 덥냐? 만날 그 우중충한 검은 잠바는 도대체 왜 입고 다니는 거냐?"
 강해가 등굣길에 또 시비를 걸어왔어.
 '뭐더라? 그게 정확히 뭐였더라?'
 나는 누군가 이런 식의 질문을 하면 답해 주라고 알려 준

아빠의 모범 답안을 떠올리려 애썼어.

"모르는 소리 마. 너 베두나 족 모르지?"

"배두나? 영화배우?"

"으이그, 무식하기는! 사막에서 검은색 옷으로 온몸을 감싸고 다니는 사람들이야. 검은색 옷을 입는 건 그래야 땀을 날려 버려서 더 시원해지기 때문이지."

사실 억지로 생각난 게 여기까지였어.

"검은 옷에 선풍기라도 달렸어? 어떻게 땀을 날려 버려?"

"그야……, 어휴! 답답해. 그런 게 있어."

"음……, 베두나 족이 아니라 베두인 족이야. '사막에 사는 자들'이란 뜻의 아랍 어지."

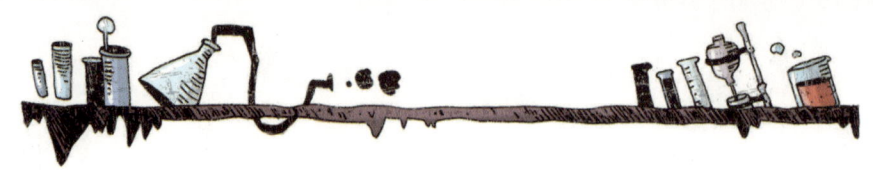

고수가 스마트폰을 들여다보며 말했어.

"검은색 옷이 땀을 날려 버리는 게 아니라 헐렁한 옷 속으로 들어온 바람이 땀을 날려 버리면서 기화열로 체온이 빼앗기게 되어 더 시원해지는 원리래."

"그래! 내가 설명하려던 말이 바로 그거였어!"

"쳇! 넌 베두나 족이라며?"

강해가 내게 특유의 빈정거리는 말투로 쏘아붙이더니 잰걸음으로 앞서 나갔어.

그날 점심시간에 우리는 아주 오랜만에 사건을 직접 들고 찾아온 의뢰인을 만나게 되었어. 의뢰인이라니 좀 거창해 보이지만 약속한 장소로 가니 고수와 해중이가 미리 와서 기다리고 있었지.

해중이는 고수가 유치원에 다닐 때 무척 친했던 친구였어. 초등학교에 들어와서 아직까지 같은 반이 됐던 적은 없지만 여전히 잘 지내는 것 같았지. 고수에게서 들었는데, 해중이네 아빠는 외국 유명 과학 잡지에 소개된 유명한 과학자라고 했어.

해중이는 고수만큼은 아니지만 공부를 무척 잘해. 문제는 소심한 성격에 몸이 좀 허약한 편이라 아이들에게

가끔 놀림을 받는다는 거. 우리에게 해결을 의뢰한 것도 바로 그 문제 때문이었지.

"이게 요 며칠간 네게 날아든 협박 편지라고?"

"응. 처음에 받은 몇 개는 그냥 버렸어."

해중이가 보여 준 편지는 그야말로 편지라기보다 그냥 쪽지였는데, 그 안에 적힌 내용은 보통 쪽지가 아님을 말해 주었지.

해중이는 누가 이런 장난을 한 건지 알고 싶다고 했어. 그런 다음 용기를 내서 부모님과 선생님께 도움을 청하고 스트레스에서 벗어나고 싶다고.

"이 정도면 이미 장난을 넘어선 거 같은데?"

고수가 중얼거렸어.

그런데 종이에서 향긋한 냄새가 났어. 화장품 냄새 같은…….

나는 본능적으로 종이를 들고

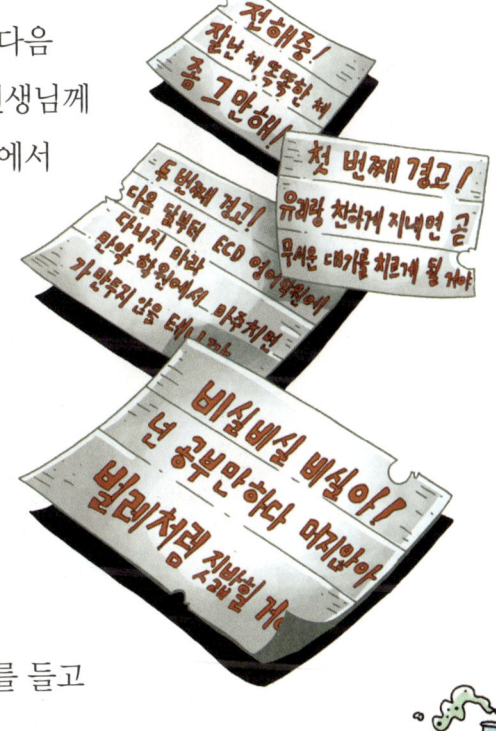

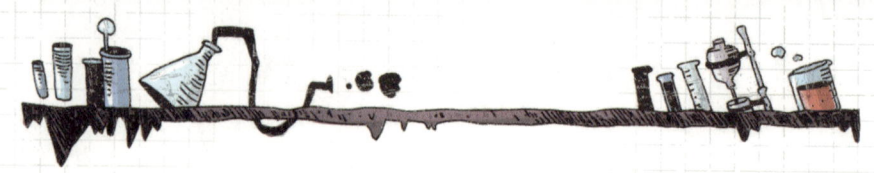

냄새를 맡았지.
"킁킁! 킁킁킁!"
"너 뭐 하냐?"
"응? 으응. 무슨 냄새가 나서……."
"또 냄새 타령이냐? 아무 냄새도 안 나!"
고수가 내 손에서 쪽지를 빼앗으며 말했어.

"으으으~, 하여간 남자아이들이란 유치하고 치사하고 비겁해!"

강해가 고개를 절레절레 흔들며 말했어.

"꼭 남자라고 단정할 수는 없지 않을까?"

내가 대뜸 말했어. 이렇게 **향긋한 화장품**을 손에 바르는 남자아이는 드무니까.

"뭐? 그럼 이런 협박을 여자애가 했단 말이야?"

강해 말에 고수도 해중이도 동의하는 것 같았어. 해중이는 다섯 명의 남자아이를 지목하더니 그중에 한 명일 거 같다고 말했지. 그리고 우리는 나름대로 추리를 시작했어. 그리고 내일까지 어떤 방법으로 범인을 찾아내는 게 좋을지 각자 고민해 오기로 했어.

그날 밤, 내게 아주 흥미로운 일이 일어났어.

학교 숙제를 마치고 잠을 자려고 방에 불을 끄는 순간, 오로라의 조수가 창문을 두드리는 거야.

"뭐야? 또?"

나는 오로라가 또 벽을 기어올라 내 방을 찾아온 거라고 생각했어. 하지만 다행히 이번에는 오로라의 조수인 박쥐 혼자였어. 대신 박쥐의 입에는 오로라가 나에게 보낸 듯한

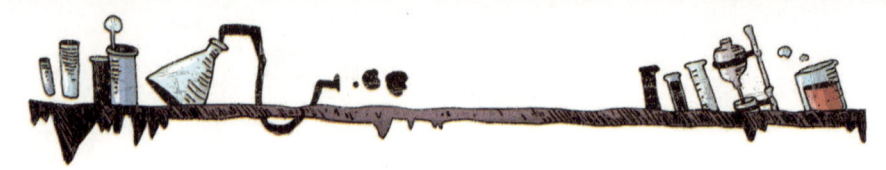

편지 한 통이 물려 있었지.

> 사랑하는 내 조카 손자 피모아야!
> 드디어 준비가 모두 끝났단다.
> 지금 당장 내 실험실로 초대하마!
> 참! 올 때, 차가운 주스 한 잔 부탁해도 되겠지?
> -고모할머니가-

쪽지를 읽는 순간 나도 모르게 오로라의 실험실이 궁금해졌어. 예전처럼 두렵거나 하는 마음보다 호기심이 훨씬 더 강했지. 나는 곧바로 주방으로 내려가서 포도 주스 한 병을 찾아 들고 지하실로 내려갔어.

끼이익~.

문이 열리고 드러난 지하 공간은 아빠가 사용할 때 그대로였어. 어둡고 습하고 퀘퀘한 냄새, 구석구석 걸린 거미줄, 진짜일지도 모를 해골과 이가 빠진 도끼, 으스스한 사진들, 커다란 관, 낡은 고서가 가득 꽂힌 거대한 책장······.

그곳은 전혀 실험실로 보이지 않았고, 준비가 끝났다는

오로라도 보이지 않았어.

"쳇! 무슨 장난이 이래? 실험실은커녕……."

내가 그냥 돌아 나오려는 순간이었어.

낡은 책들이 들어찬 책장이 흔들거리더니 영화 속에서나 본 것 같은 장면이 눈앞에 펼쳐졌어. 커다란 책장이 마치 회전문처럼 돌아가더니 오로라가 나타났지.

"캬캬! 어서 오렴!"

"여, 여, 여기가 어디예요?"

나는 너무 놀라서 입이 마비된 것처럼 말을 제대로 할 수 없었어.

"어디긴! 내 실험실이지."

책장 뒤로 드러난 공간은 정말 넓었어. 축구는 무리겠지만 농구는 충분히 할 수 있을 만큼 아주 컸지. 그리고 우리 학교 과학 실험실에 있는 것보다 훨씬 다양하고 신기한 실험 기구들이 가득했어.

내가 벌어진 입을 다물지 못하고 멍하니 서 있자, 오로라가 내 손에 든 포도 주스 병을 낚아채더니 툴툴거리며 이렇게 말했어.

"이런! 하나도 안 차갑잖아!"

오로라는 냉동고에서 얼음이 들어 있는 통을 꺼내더니

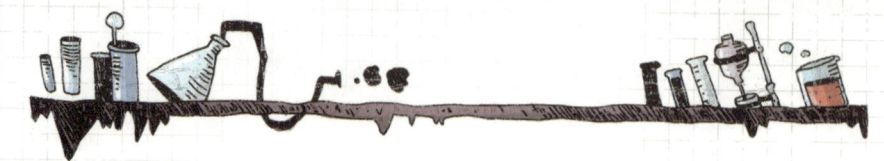

기계에 얼음을 넣고 갈았어. 그리고 수건을 간 얼음에 흠뻑 적신 뒤 주스 병에 수건을 감아서 선풍기 바람을 쐬게 했지.

"이렇게 두면 주스가 금세 차가워질 거야. 수건 속의

수분이 기체가 되어 날아가려면 열이 필요하지. 그걸 기화열이라고 하는데, 그렇게 주위 열을 빼앗아 가면서 주스가 금방 차가워지는 거야."

기화열? 그러고 보니 오늘 아침에도 베두인 족 이야기를

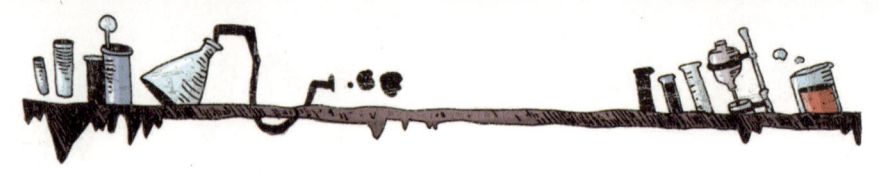

하면서 나왔던 얘기였어.

"근데 여기서 뭐 하시는 거예요?"

"실험실에서 실험을 하지 뭘 해?"

오로라가 나를 보며 시큰둥하게 되물었어. 그러더니 어지럽게 늘어선 실험 기구들 앞으로 걸어가며 조용히 말했어. 마치 주문을 외우는 것처럼.

"원자가 모이면 분자가 되고, 서로 다른 원자와 분자가 모여서 물질을 이루지. 내가 만들어 내려는 메타 물질도 마찬가지일 테고 말이야. 어때? 분자가 운동하는 모습 좀 보여 줄까?"

오로라는 내가 대답하기도 전에 비커에 뜨거운 물을 반쯤 부었어. 그리고 파란색 색소를 한두 방울 떨어뜨리고는 막대로 잘 저어 풀어 주었지.

"자, 이제 냉장고에서 꺼낸 차가운 물을 반쯤 넣을 테니 어떻게 되는지 잘 봐라."

비커에 찬물이 들어가자 파란색 뜨거운 물이 위쪽으로 올라갔어.

"캬캬캬캬! 우리 눈앞에서 수없이 많은 물 분자들이 움직이고 있구나!"

오로라가 큰 소리로 웃으며 즐거워했어.

오로라는 하루 종일 여러 종류의 혼합물을 만들고 이들을 분리하는 실험을 했다고 했어. 내게 여러 가지 실험을 한 흔적을 보이며 아주 뿌듯해했지.

그런데 그때 특이한 종이가 눈에 들어왔어. 마치 잉크가 번져 만들어 낸 것 같은 서로 다른 무늬가 줄지어 서 있었지.

"할머니, 이게 뭐예요?"

"그건 **크로마토그래피**라고 하는 거야. 물에 녹기 쉬운 성질의 수성 사인펜에 들어 있는 색소를 분리한 실험이지. 난 수성 잉크를 분리했지만 크로마토그래피로는 알코올, 수면제, 독극물, 폭약 등을 분리해서 범죄를 수사하는 데 쓰이지."

오로라는 이렇게 말하고는 주스를 단숨에 마셔 버렸어.

"크아! 시원하다!"

'잉크 분리, 범죄 수사······.'

크로마토그래피를 들여다보는데 갑자기 내 머릿속이 시원해지는 느낌이 들었어.

오로라의 실험실에서 사건 해결의 열쇠를 얻게 된 거야. 협박범아, 기다려라!

사막의 유목민들은 왜 검은색 옷을 입을까?

검은색은 햇빛(가시광선)을 흡수하는 성질이 있어. 그런데 뜨거운 사막에 사는 유목민들은 왜 햇빛을 흡수하는 검은색 옷을 입을까?
그건 옷 속에서 일어나는 대류 현상 때문에 오히려 시원하기 때문이야.

사막에서 검은색 옷을 입으면 옷 안의 온도가 높아져서 훨씬 땀이 많이 나. 이때 옷 안에서 뜨거워진 공기는 위로 올라가 헐렁한 부분으로 빠져나가고 외부의 시원한 공기가 옷의 아랫부분으로 들어와 몸 주변에서는 늘 바람이 불게 되지. 이렇게 땀이 바람에 의해 증발할 때는 기화열이 필요해. 그 기화열에 해당하는 열을 우리 몸에서 빼앗아 가기 때문에 시원함을 느낄 수 있는 거야.

얼음골의 오싹한 미스터리

경상남도 밀양 천왕산 중턱의 '얼음골'이라는 곳에는 해발 400~800m까지 폭 30m로 이루어진 돌밭이 펼쳐져 있다. 얼음골에서는 여름철에도 차가운 기운이 풍겨져 나오고 얼음이 발견되는데, 그 이유를 놓고 의견이 분분하다.

먼저 '기화열의 빙점 유도설'이라고 하여, 돌밭 안쪽과 바깥쪽의 습도가 크게 차이가 나서 안에서 증발이 일어날 때 생기는 기화열 때문에 얼음이 만들어진다는 의견이다.

또 다른 의견으로 '단열 팽창설'이 있다. 돌 틈 위쪽으로 들어간 더운 공기가 안쪽의 차가운 바위에 의해 냉각되어 아래쪽으로 내려간 후 밖으로 나올 때 압력의 차이 때문에 부피가 커지고 온도가 낮아지면서 얼음이 된다는 것이다.

마지막으로는 '대류 결빙설'이 있다. 겨울철 찬 공기가 돌 틈으로 들어가 내부를 차갑게 만든다. 이 상태가 여름까지 유지되면서 바깥의 따뜻한 공기가 안으로 들어오지 못해 여름까지 얼음이 남아 있게 된다는 것이다.

하지만 얼음골에서 여름철에 얼음이 발견되는 정확한 이유는 여전히 미스터리로 남아 있다.

크로마토그래피로 밝혀낸 진짜 협박범

나는 오로라와 함께 학교로 가기 위해 집을 나섰어. 사실 오로라는 그동안 감기에 걸려 아프다는 이유로 자주 학교에 빠졌지만 더 이상은 핑계가 되지 않았어. 조만간 엄마든 아빠든 학교로 한번 불려 갈 차례였거든.

"오늘은 왜 학교에 가시는 거예요?"

"그야 이제 실험실이 다 준비됐으니, 학교에 나가야지."

나는 아무리 생각해도 오로라를 이해할 수 없었어.

'오로라는 도대체 왜 우리 학교로 전학을 온 거지? 어차피 학교에 다닐 맘도 없어 보이는데 말이야. 게다가 이상한 실험실은 왜 차려 놓은 걸까? 현자의 망토인지

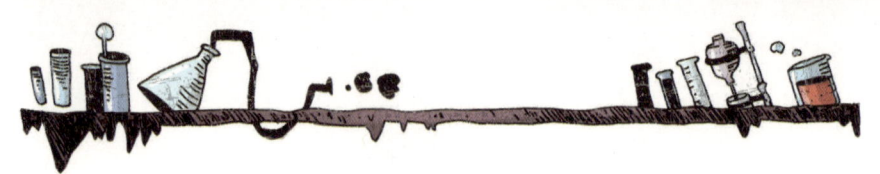

뭔지는 어디에 쓰는 걸까? 그걸 정말 만들 수 있을까?'

사실 얼마 전에 엄마에게 슬며시 물어보았어. 엄마는 아빠가 좀 더 알아보시고 나면 내게도 설명해 주실 거라며 당분간 모른 체하는 게 좋겠다고 하셨지.

뭐 어쨌든 나도 별로 복잡하게 고민하고 싶은 마음은 없었어. 게다가 **뱀파이어 과학 탐정단**이 맡은 사건을 해결해야 해서 쓸데없는 데 시간을 낭비할 여유가 없었어.

교실에 도착하자 강해와 고수가 오로라에게 친한 척을 했어. 오로라가 내 사촌이라는 사실은 이미 반 아이들에게 다 알려진 뒤였어.

"너, 대단하더라! 크로마토그래피! 어떻게 그런 생각을 한 거야?"

강해가 어울리지 않게 예쁜 목소리로 물었어.

"그냥. 이런저런 방법을 찾다가 알아냈어."

윽! 로라도 강해 못지않은 목소리로 대답했지.

어젯밤 지하 실험실에서 내 방으로 무사히 돌아온 나는 너무 기쁜 나머지 고수와 강해에게 문자를 보냈었지.

오로라가 협박범을 알아낼 방법인, 크로마토그래피를 알려 줬다고 말이야.

점심을 먹고 나서 우리 탐정단은 쓰레기 분리수거장

앞에 모여 본격적으로 범인 추적 방법에 대해 이야기를 나누었어.

"기뻐할 일이 있어. 용의자가 다섯에서 셋으로 줄었어."

고수는 어제 해중이네 집에서 용의자들을 떠올리며 고민을 하다가 중요한 사실을 하나 알아냈다고 했어.

"그 종이 말이야. 모두 같은

"노트로 만든 건데, 그 노트는 어떤 수학 학원에서 홍보용으로 만들어서 나눠 준 노트였어. 좀 전에 해중이한테 문자가 왔는데, 그 노트를 가지고 다니는 애는 다섯 명 중 세 명뿐이래."

"그래? 그럼 세 명의 필통에서 빨간색 펜의 종류를 알아낸 다음에 같은 펜을 사서 그 잉크로 크로마토그래피를 해 보면 범인을 알 수 있겠네?"

"지금으로서는 그래."

"펜은 어떻게 알아내?"

"해중이네

반이 5교시에 체육 수업이래. 아이들이 모두 교실에서 나가면 몰래 알아봐 준댔어."

나는 소심한 해중이가 잘 할 수 있을지 걱정됐어.

"내가 가 볼게. 해중이 혼자 하는 것보다 나을 거야."

"그래. 우리 오랜만에 구호나 한번 외칠까?"

강해가 기분 좋은 듯 활짝 웃으며 말했어.

"좋아!"

우리는 오른팔을 뻗어 아주 힘차게 구호를 외쳤어.

"흡! 혈! 크로스!"

아무도 없는 교실에서 아이들의 필통을 뒤져 빨간색 펜의 종류를 알아내는 것처럼 쉬운 일이 탐정단 활동이라면 얼마나 좋을까? 아니 어쩌면 너무 심심해서 재미없을지도 모르지.

어쨌든 얼굴이 빨갛게 돼서 식은땀을 흘리는 해중이와 달리, 나는 누워서 떡 먹기보다 쉽게 펜의 종류를 알아냈어. 그리고 문구점을 세 군데나 뒤져서 똑같은 펜들을 구한 뒤 해중이네 집으로 향했지.

유명한 과학자가 사는 해중이네 집은 우리 집과 크게 다르지 않았어. 그런데 해중이 말에 의하면 아빠의 중요한

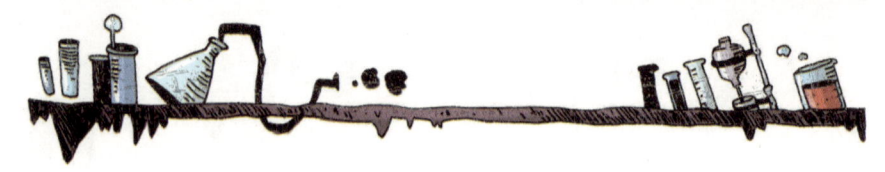

연구 자료들 때문에 24시간 보안 시스템이 가동되고 있대. 그러고 보니 도서관처럼 많은 책들이 거실과 서재, 방 곳곳에 있다는 게 다르다면 다른 점이었지.

"엄마! 우리 **중요한 과제**를 할 거니까 방해하지 마세요."

"알았네요."

해중이가 과일 접시를 놓고 나가는 엄마에게 단단히 다짐을 받았어. 그리고 우리의 실험이 시작되었지.

일단 용의자 '가, 나, 다'의 펜이 누구 것인지 구분해 놓고 해중이에게 날아온 쪽지와 같은 종이에 세 개의 점을 찍었어. 그리고 해중이의 쪽지에 적힌 글의 일부를 비슷한 조건으로 잘라 놓았지.

그런 다음 플라스틱 용기 바닥에 물을 살짝 붓고 종이 끝이 물에 닿도록 한 뒤 그릇에 걸쳐 놓았어. 이제 종이가 물을 천천히 흡수하면서 붉은색 펜이 각각 어떤 색소들로 분리되어 나타나는지 살펴보면 되는 거야.

"휴~, 떨린다."

해중이가 한숨을 내쉬며 말했어.

고수, 강해, 나, 해중이까지 우리 네 사람은 몸을 낮추고 숨을 죽인 채 종이에 번져 가는 잉크 자국에 집중했어.

1분이 지나고 2분, 3분이 다 될 때쯤 결과가 나왔어.

"엥? 이게 뭐야?"
"어떡해! 셋 다 범인이 아닌 거지?"
고수와 강해가 실망한 듯 말했어.
"그럴 줄 알았어."
"뭐? 그게 무슨 말이야?"
"내가 그랬잖아. 꼭 남자란 법이 있냐고."
나는 가방에서 붉은색 펜 하나를 꺼냈어.
"이게 진짜 범인의 필통에서 꺼낸 펜과 똑같은 거야."
"피모아! 답답해! 무슨 말인지 제대로 설명해 봐!"
강해가 말했어,
"좋아. 잘 들어. 5교시가 시작되기 전에 해중이네 반에

갔을 때, 난 해중이를 제외한 모든 애들이 나가기를 기다리며 복도에 서 있었지. 그때 한 여자애가 내 앞을 지나는데 협박 쪽지에서 났던 향과 똑같은 냄새가 났어."

"소유리 말이야?"

해중이가 물었어.

"응. 내가 그 애 자리에 가서 봤더니 책상 서랍에 협박 쪽지에서 났던 것과 똑같은 향의 핸드크림이 들어 있었어. 그 수학 학원에서 나눠 준 노트도 들어 있었지."

"정말? 그럼 유리가 범인이란 말이야?"

해중이가 무척 놀라며 물었어.

"아직 몰라. 크로마토그래피를 해 보면 알 수 있겠지."

나는 아까와 똑같은 종이에 붉은 펜으로 크게 점을 찍고 종이 끝이 살짝 물에 닿게 한 뒤 종이를 세워 놓았어. 그리고 서서히 시간이 지나면서 내 생각이 적중했다는 게 증명됐어. 분리된 잉크 색의 형태와 모양이 협박 쪽지의 잉크를 분리했을 때와 아주 똑같았어.

"맙소사!"

해중이가 믿을 수 없다는 듯 낮은 소리로 중얼거렸어.
"와! 신기하다!"

"피모아! 너, 정말 대단해."

강해와 고수가 넋이 나간 표정으로 나를 바라보았어. 처음에 해중이는 내가 찾아낸 범인을 믿지 못했어. 하지만 바로 다음 날, 유리가 음악실에서 해중이 책에 협박 쪽지를 끼워 넣는 걸 보고는 곧바로 우리에게 알려 왔어. 처음에는 믿지 못하겠다고는 했지만, 해중이가 유리의 행동을 몰래 숨어서 눈여겨 지켜봤던 덕분에 범행 현장을 비교적 빠르게 잡아낼 수 있었던 거지.

해중이는 이번 사건을 담임 선생님에게만 알리고 도움을 청했어. 유리는 선생님께 해중이가 사귀자는 말을 단번에 거절해서 화가 나서 그랬다고 말했대. 그리고 눈물을 흘리며 다시는 그런 위험한 장난을 하지 않겠다는 약속을

했다지. 어쨌든 사건이 잘 해결되어서 정말 다행이야, 헤헤!

크로마토그래피를 이용한 도핑 테스트

크로마토그래피는 몇 가지의 물질이 섞인 혼합물을 어떤 액체에 녹여 그 혼합물을 구성하는 물질들의 서로 다른 이동 속도를 이용해 분리하고 식별하는 방법이야.

크로마토그래피는 올림픽이나 중요한 운동 경기에 출전했던 선수들에게 하는 '도핑 테스트'에 이용돼. 이 테스트는 금지된 약물을 먹고 경기에 출전했는지를 검사하는 거야. 실제로 아르헨티나의 축구 영웅 마라도나는 도핑 테스트 결과 금지된 약물 복용이 드러나 월드컵에서 영구 추방되기도 했어.

도핑 테스트는 일반적으로 소변이나 혈액을 이용해. 사람은 누구나 일정한 비율의 호르몬을 지니고 있는데, 특정 약물을 복용하면 그 비율이 달라져. 그렇기 때문에 검사자의 소변이나 혈액을 측정하면 금지된 약물 복용 여부를 확인할 수 있어.

7

오로라와 함께
비너스 쇼를!

"헉! 둘이 쌍으로 **베두인** 족 흉내 내는 거냐?"

나와 오로라의 옷차림을 보고 고수가 건넨 말이었어. 솔직히 고수나 강해의 반응은 늘 봐 오던 거라 아무렇지도 않았어. 문제는 차에서 내려 과학관으로 들어서기 무섭게 여기저기서 쏟아지는 사람들의 반응이었지.

"얘들은 뭐 하는 거래?"

"외계인 놀이 하나 봐."

"맞아, 스타워즈! 그 영화 흉내 내는 것 같은데?"

기분은 별로였지만 내가 생각해도 꽤 적절한 비유라 나도 모르게 웃음이 터져 나왔어.

"크큭!"

"캬캬캬! 모아야, 들었냐? 스타워즈란다. 캬캬캬캬!"

오로라가 너무 큰 소리로 웃는 바람에 시선이 더 집중되었을 게 분명해. 모자 달린 검은색 망토로 온몸을 휘감고 고개를 깊이 숙인 나로서는 확인할 바가 없었지만 말이야. 하긴 이 더운 여름날, 이런 괴상한 차림의 커플이 사람들 눈에 띄지 않는다면 그게 더 이상한 일이겠지.

그 주 '과학하며 놀자!'의 방과 후 수업은 주말 야외 활동으로 대체되었어. 그날 못 보면 105년 후에나 볼 수 있다는 '비너스 쇼', '금성 일식', 정확히는 '금성의 태양면 통과'를 보기 위해서 선생님과 함께 행사가 열리는 과학관을 찾은 거였지. 금성 일식은 태양과 지구 사이에 낀 금성이 태양의 일부분을 가리는 현상이야.

과학관 앞마당은 여기저기 삼삼오오 모여 선 사람들로 가득 차 있었어. 대부분은 색안경을 쓰고 있었는데, 군데군데 멋진 천체 망원경이 서 있었고 그 주위로 사람들이 모여 있었어. 해바라기를 하고 있는 다른 애들과

 달리 안 그래도 어두컴컴한 차림의 오로라와 나는 나무 그늘에 숨어 있었어.
 "어휴! 주말 게으름을 포기하고 태양이나 관찰하러 와야 하다니, 뱀파이어에겐 너무 잔인한 수업 아니에요?"
 "그렇긴 하지."
 "근데 할머니는 왜 여길 따라오셨어요?"
 "그야 뭐…. 그, 그, 그러니까……. 그래! **금세기 최고의 우주 쇼**를 구경하고 싶어서 온 거지."
 뭔가 수상해. 오로라는 확실히 내 질문에 당황하고 있었어.

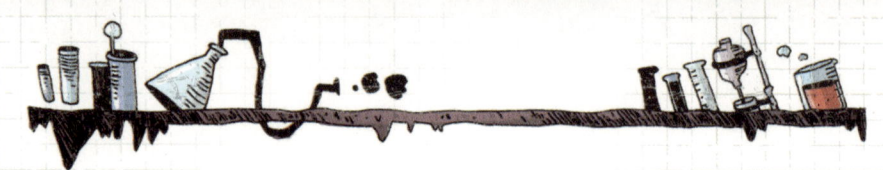

　오늘 아침 식사 시간만 해도 오로라는 내 방과 후 수업에 대해 눈곱만큼도 관심이 없었어. 하지만 그 수업에 해중이가 함께 간다고 하니 갑자기 흥미를 보이며 부랴부랴 나를 따라 나선 거였어.
"피모아! 거기서 뭐 해? 빨리 이리 와!"
　강해가 손짓을 하며 나를 불렀어. 나는 모자를 뒤집어쓰고 천천히 그늘 밖으로 걸어 나갔어. 선생님 주위로 아이들이 모여 앉아서 하늘을 바라보고 있었지.
"비교적 날씨가 좋은 편이구나."
"이렇게 구름이 잔뜩 꼈는데 좋은 날씨라고요?"
　강해가 선생님에게 물었어.
"태양을 관찰하기엔 이렇게 구름이 낀 흐린 날씨가 좋아. 구름이 **자연 필터** 역할을 해 주거든. 너무 맑은 날에 태양을 관찰하다가는 자칫 눈이 상할 수 있단다."
　선생님 설명에 아이들이 고개를 끄덕였어.
"자, 기다리기 지루한데 문제나 하나 낼까? 금성은 내행성이라 늘 지구와 태양 사이에서 태양 주위를 돌지. 그런데 왜 금성 일식은 해마다 볼 수 없는 걸까?"
　아무도 대답하지 못하자 선생님이 설명해 주셨지.
"금성의 공전 궤도는 지구의 공전 궤도에 비해 3.4°

기울어져 있어. 또 일식을 보려면 태양과 금성, 지구가 일렬로 늘어서야 하는데, 이런 현상은 1.6년에 한 번씩 일어난단다. 그러니까 두 가지 조건, 즉 금성과 지구 공전 궤도가 교차하는 순간에 태양과 두 행성이 일렬로 늘어설 때라야만 우리가 금성 일식을 볼 수 있단다."

그때 누군가 소리쳤어.

"어! 해가 나온다."

태양이 구름 사이로 모습을 드러냈어. 아이들이 일제히 필터를 댄 안경을 눈으로 가져갔지.

"보인다. 저기 태양 왼쪽!"

나는 셀로판종이를 들고 하늘을 올려다봤어. 커다란 접시에 담긴 작은 콩알처럼 태양 표면에 검은 점 하나가 또렷이 눈에 들어왔어.

"저 검은 점이 바로 금성이란다. 어때? 상대적으로 태양이 얼마나 큰지 알 수 있겠지?"

선생님은 이렇게 말하며 태양과 지구, 금성의 크기에 대해 비교해 주셨어.

"예를 들어, 지구의 반지름을 1이라 하면 태양의 반지름은 109야. 금성의 반지름은 지구보다 조금 작아서 0.9쯤 돼."

　우리는 줄을 서서 과학관 쪽에서 준비한 태양 필터를 낀 천체 망원경으로 비너스 쇼를 구경할 수 있었어. 천체 망원경을 들여다보니 정말 우주를 관찰하는 기분이 들었지.

　"선생님, 태양 표면에 검은 점들이 몇 개 더 보여요."

　"그게 바로 태양 표면의 흑점이야. 주변보다 온도가 낮아서 비교적 어둡게 보이는 거란다."

　우리는 한동안 금성 일식을 맘껏 관찰할 수 있었어. 그러다 문득 오로라가 생각났어.

　"오로라! 오로라!"

　"피모아! 네가 찾는 애, 저기 있어."

　고수가 손가락으로 나무 그늘 아래를 가리켰어. 거기에는 오로라가 해중이와 함께 있었어.

　"쟤, 해중이랑 친한가 봐. 아까부터 꼭 붙어 있더라."

　고수의 말처럼, 둘은 정말 사이좋은 커플처럼 무척 다정해 보였지.

　"근데 저 사람, 혹시 아는 사람이야?"

　강해가 이상한 눈빛으로 누군가를 노려보며 말했어.

　"누구?"

　"저기에 빨간 모자 쓴 남자 말이야. 아까부터 오로라와

해중이 사이를 계속 맴돌았거든."

'어흑! 또 강해의 이상한 추리가 시작됐군.'

강해가 낯선 남자를 향해 카메라 셔터를 눌러 댔어. 그러자 자신을 촬영한다는 걸 알아챈 남자는 모자를 더 깊이 눌러쓰고는 어디론가 쏜살같이 사라져 버렸어.

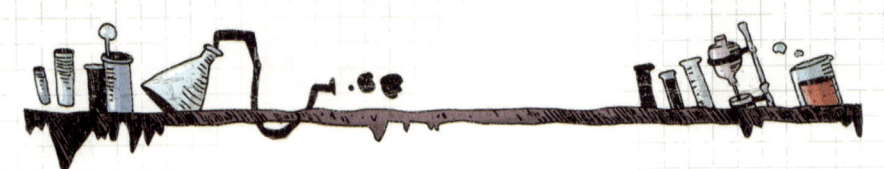

비너스 쇼가 끝난 후, 일주일쯤 지난 일요일이었어.

늦잠을 자고 아래층으로 내려갔을 때 아빠가 혼자 늦은 아침을 드시려던 참이었지. 아빠는 매직 랜드에 들어설 새 테마파크 준비로 바쁘셨기 때문에 한동안 아빠 얼굴을 볼 수 없었어. 오랜만에 아빠를 만나니 정말 반가웠어.

"아빠!"

"쉿! 고모할머니가 아직 주무실 거다."

아빠가 지하실을 가리키며 말했어.

"주무시는 게 아니라 괴상한 실험을 하고 계실걸요? 아니면 해중이를 만나고 있거나……."

"해중이? 그게 정말이냐?"

아빠가 갑자기 깜짝 놀라며 물었어.

"네. 정말이에요."

나는 아빠의 질문이 뭔가 이상하단 생각이 들었지.

"그런데 아빠가 해중이를 알아요?"

"흠흠! 아니. 그럴 리가. 처음 들어보는데?"

"암튼 요즘 고모할머니는 늘 해중이랑 함께 다니세요. 집에 계실 땐 절대 실험실 밖으로 나오지 않으시고요."

정말 그랬어. 고수 말로는 오로라가 해중이네 집에도 자주 오가는 것 같다고 했어.

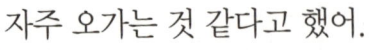

"아빠! 할머니가 만든다는 현자의 망토가 뭐예요?"

"켁! 콜록콜록! 콜록!"

내 말에 갑자기 아빠 입에서 붉은색 액체가 뿜어져 나왔어. 그건 아빠가 마시던 토마토 주스였는데, 뱀파이어 입가로 흘러내리는 피처럼 아빠에게 아주 잘 어울렸지.

"네가 그걸 어떻게 알았니?"

"할머니가 우리 집에 처음 오신 날, 아빠랑 나누던 말씀을 얼핏 들었어요."

놀란 아빠를 보니 왠지 내가 알아서는 안 되는 것 같았지. 그래서 나는 대충 얼버무리기로 했어.

"음……, 제가 생각하기에는 그건 뱀파이어들에게 꼭 필요한 망토 같아요. 만약 그런 거라면 박쥐처럼 하늘을 나는 망토일지도 모르죠."

"엥? 하늘을 난다고?"

"네, 하늘을 나는 양탄자처럼 말이에요. 입으면 박쥐처럼 하늘을 날 수 있게 되는 거죠."

내가 생각해도 갑자기

지어낸 것 치고는 아주 기막힌 생각이었어.
"푸하하, 하하하하~"
아빠가 크게 소리를 내서 웃으셨어. 그런데 그건 아주 잠시였어. 아빠는 내 목을 끌어안고 내 귀에 아주 작은 소리로 말씀하셨지.
"모아야! 잘 들어라. 아빠가 다시 정확하게 설명을 해 줄 때까지는 절대 다른 사람에게 그 망토에 대해 아는 척을 해서는 안 된다. 알겠지?"
"어? 네. 아, 알겠어요."
나도 모르게 목소리가 덜덜 떨리고 있었어.
바로 그때, 지하실 쪽에서 집이 들썩일 만큼 커다란 폭발음이 들려왔어.
펑!
깜짝 놀란 아빠와 내가 서둘러 지하실로 내려가자 책장으로 위장한 실험실 문 밖으로 하얀 연기가 새어

나오고 있었지. 문을 열고 들어가자 실험실 안은 매캐한 냄새가 나는 연기로 가득 차 있었어.
"고모님! 괜찮으세요?"
"콜록콜록~, 켁켁!"
하얀 연기 속에서 까만 그을음을 잔뜩 뒤집어쓴 오로라가 서서히 모습을 드러냈어.

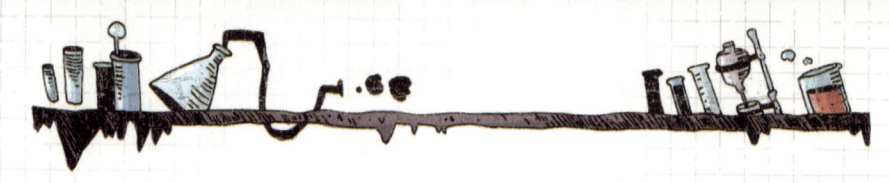

"아으~, 신경질 나! 또 실패야!"

폭발은 그날이 처음이었지만 그 이후로도 심심할 만하면 오로라의 실험실에서 폭발음이 들려오곤 했어. 대체 무슨 실험을 하는 걸까? 미스터리해.

부분 일식 관찰 방법

부분 일식은 달이 태양의 일부를 가리는 현상이야. 부분 일식을 관찰할 때는 강한 태양 빛으로 눈을 다칠 수 있으므로 매우 주의해야 해.

1. 관찰 기구를 이용한다!

반드시 태양광을 줄여 주는 관찰 도구를 이용해야 해! 태양 필터를 이용한 태양 안경이 가장 안전해. 미처 구하지 못했다면 용접 보안용 흑유리이나 4장 정도 겹친 셀로판지를 이용하는 것도 좋은 방법이야.

2. 오래 관찰하는 건 금물!

관찰 도구를 사용하더라도 자외선은 계속 투과되고 있으니까 장시간 관찰하는 것은 피해야 해. 10~20초간 일식을 관찰하고 눈을 쉬게 하는 게 좋아.

지옥으로 변한 미의 여신

금성은 밤하늘에서 달을 제외하고 가장 밝은 천체이다.
고대 유럽 사람들은 금성을 보고 사랑과 미의 여신을 떠올렸다.
금성은 지구와 크기가 비슷하고 태양으로부터 거리도 비슷해서

금성 표면   ©NASA

사람들은 살기 좋은 열대 낙원 같을 거라고 상상했다고 한다. 하지만 금성 탐사를 통해 속속 드러난 금성의 실체는 낙원이 아니라 지옥에 더 가까웠다.

두터운 구름층 때문에 금성은 지구보다 기압이 90배나 높고 대기는 온통 이산화탄소로 가득하다. 금성 표면의 85%는 활동이 멈춘 사화산과 단단하게 굳은 용암으로 이루어져 있고 구름층에는 생명체에 치명적인 황산이 가득하다. 또한 금성은 태양에 더 가까이 있는 수성보다 기온이 높아서 무려 섭씨 482°나 된다고 하다. 그건 바로 대기 속의 이산화탄소 층이 뜨거운 열기를 꽉 붙잡아 두는 온실 효과 때문이다. 그래서 무시무시한 온난화의 상징으로 바로 금성을 손꼽는다.

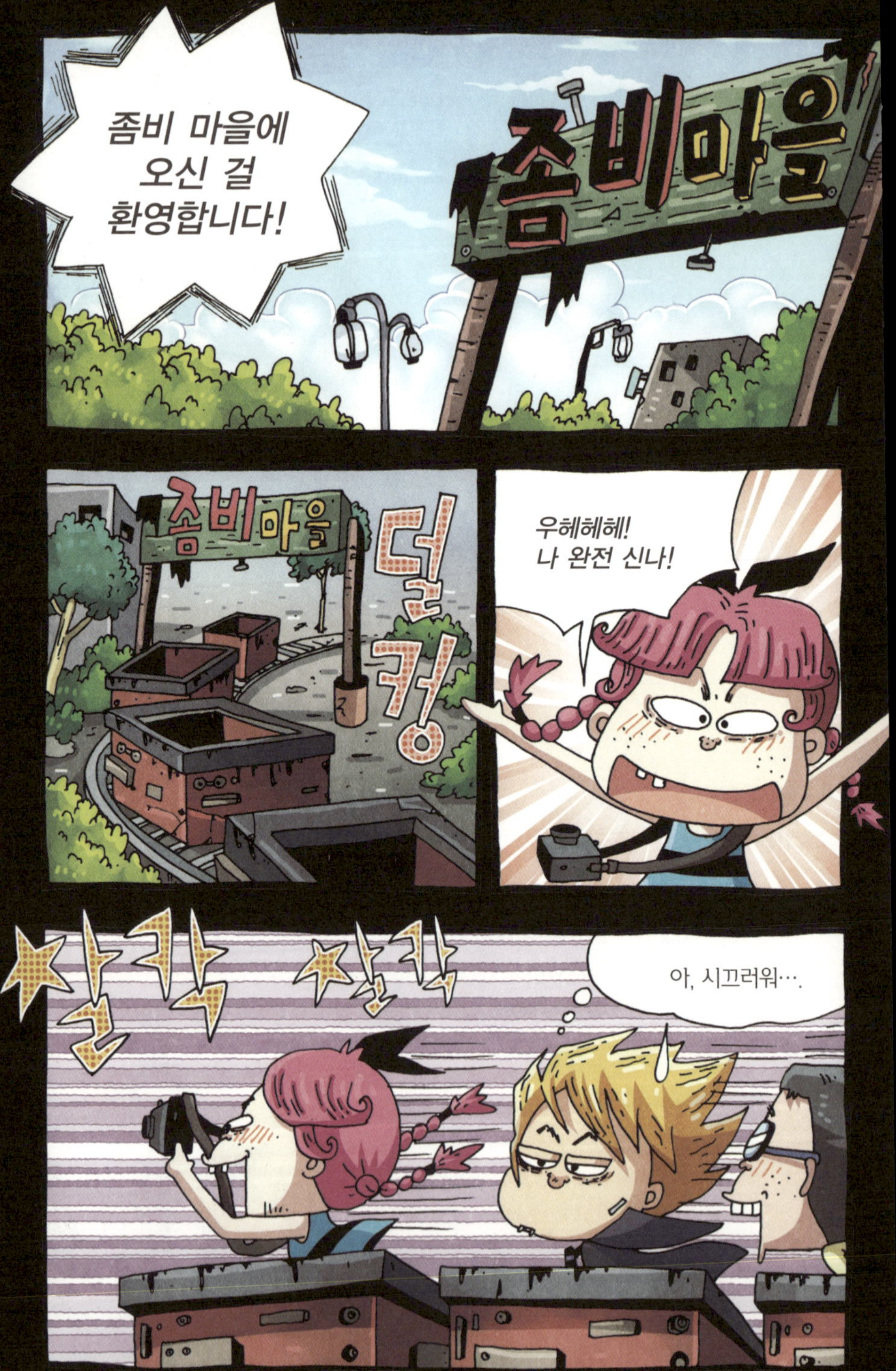
좀비 마을에 오신 걸 환영합니다!
좀비마을
좀비마을
덜컹
우헤헤헤! 나 완전 신나!
찰칵 찰칵
아, 시끄러워….

뱀파이어 탐정단, 좀비 마을에 가다!

좀비 마을은 매직 랜드에서 새롭게 오픈한 공포 체험 콘셉트의 놀이 공간이야. 아빠가 총책임자이셔서 오픈을 앞둔 최근 몇 개월은 눈코 뜰 새 없이 바빠셨지.

좀비 마을은 두 사람씩 한 조가 되어 **살아 있는 시체**인 좀비들이 사는 마을에 들어가 주어진 미션을 수행한 뒤 탈출하는 일종의 서바이벌 게임 공간이야.

우리, 그러니까 뱀파이어 탐정단과 해중이가 이곳에 오게 된 건 오픈을 앞두고 열리는 행사에 초대되었기 때문이야. 우리는 아빠가 가져다주신 초대권 덕분에 참가할 수 있었어. 열차에서 내린 사람은 우리를 포함해

모두 열 팀, 그러니까 총 스무 명이 넘는 아이들이었어.

"여기 들어오니 기분이 이상해!"

해중이가 주위를 두리번거리며 말했어.

역에서 마을로 들어서자 마을에 대한 소개가 제일 처음으로 눈에 띄었어.

좀비 마을의 유래

이곳은 한때 탄광이 개발되어 사람들이 몰려들고 크게 부흥했지만, 십여 년 뒤 폐광되자 사람들은 이곳을 떠났다. 그 후 오랫동안 버려져 있던 이 마을에 누군가 살기 시작했고 하나둘씩 그들의 숫자가 늘어났다. 우리는 그들을 '좀비'라 부르고, 이곳이 바로 좀비 마을이다.

뱀파이어 탐정단과 해중이가 두근두근 떨리는 마음으로 마을 지도를 들여다보고 있을 때, 성직자 옷을 입은 어떤

할아버지가 나타났어.

"자! 모두들 팀별로 마을 지도와 마을 안내서를 받았을 겁니다. 안내서에는 마을 규칙과 좀비와 마주쳤을 때의 행동 요령에 대해 자세히 나와 있어요. 마을에 들어가기 전에 꼼꼼히 익히고 들어가는 게 살아서 좀비 마을을 탈출할 수 있는 유일한 방법이 될 겁니다."

참가자 모두가 다소 긴장한 눈치였는데, 고수는 그 와중에도 과천소에 들어가 있었지.

"너 뭐 해?"

"지도에 부두교 종교 의식장이 있어서 부두교가 뭔가 알아보는 거야."

"부두교? 그게 뭐래?"

"어, 서인도 제도 아이티의 토속 신앙이래. 좀비가 부두교에서부터 나왔다는데?"

고수와 내가 스마트폰을 들여다보는 동안 성직자 할아버지의 말이 끝났어.

"그럼 모두에게 행운을 빕니다."

할아버지가 신중한 표정을 하고 참가자들을 둘러보며 성호를 그었어. 그러자 마을을 밝히던 해가 갑자기 저물어 갔어. 그리고 조명이 서서히 바뀌면서 마을 전체가

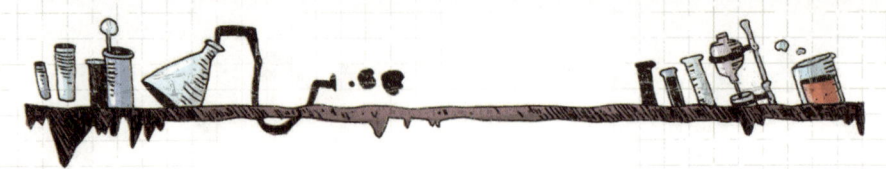

어스름한 해 질 녘으로 변해 가고 있었어. 그건 곧 게임이 시작되고 좀비들이 행동하기 시작한다는 사인이었어.

"으아아아아~, 소름 끼쳐!"

"와! 대박 무서운데!"

여기저기서 참가자 아이들이 웅성거리는 소리가 들려왔어.

우리는 곧 팀별로 미션이 적힌 종이를 뽑아 안으로 들어갔어. 강해와 내가 마지막 남은 카드를 뽑았을 때, 카드가 한 장 모자란다는 것을 알 수 있었어. 우리 팀 뒤에 마지막으로 고수와 해중이가 남아 있었거든.

"미안! 한 장을 미리 채워 넣는 걸 깜빡 했어!"

스텝으로 보이는 형이 다가와서 고수와 해중이에게 카드를 건네주고는 급히 사라졌어. 그리고 모두가 안으로 들어가자 곧 입구가 폐쇄되었지. 이제 좀비의 공격을 피해 미션을 무사히 수행한 자들만이 출구를 통해 좀비 마을을 탈출할 수 있게 된 거야.

"어느 팀이 먼저 탈출하는지 내기하는 거 어때?"

해중이가 말했어.

"좋아! 진 팀이 햄버거 사는 거다!"

내가 건 내기 조건에 강해와 고수, 해중이도 찬성을

했지.

"그럼, 이따 봐! 먼저 나가서 기다리고 있을게."

강해가 내 팔을 잡아끌며 고수와 해중이에게 말했어.

"장강해! 너, 규칙 다 외웠어?"

"대충! 일단 **우리 팀의 미션**이 뭔지 보자."

강해가 봉투에서 카드를 꺼내 펼쳤어.

"쿠파드레? 그게 뭐지?"

강해가 물었어.

"가 보면 알겠지. 그보다 좀비들의 공격에 맞설 물건이란 게 뭘까?"

"총이나 칼? 뭐 그런 거 아닐까?"

"어휴! 이 안에서는 그 누구도 무기들을 사용할 수 없다는 게 첫 번째 규칙이었어."

"그래?"

그때였어. 여기저기서 여자아이들의 비명이 들려왔지.

"으악!"

"엄마아아~~."

"뭐야? 뭐야? 무슨 일일까? 으흐흐흐흐~, 너무 재밌겠다."

지금 강해는 확실히 다른 여자애들과 달라 보였어. 그나마 눈곱만큼 가지고 있던 겁도 집에 놓고 온 모양으로 방방 뛰며 신이 나 보였지.

"일단 여기! 부두교 종교 의식이 행해지는 광장으로 출발!"

강해가 지도를 가리키며 말했어.

좀비들은 마을 곳곳에서 쉽게 볼 수 있었어. 대부분은 무기력하게 앉아 있거나 서 있었고 좀비 영화에서 본 것처럼 두 팔을 벌리고 참가자들을 향해 다가오는 놈들도 있었지. 다들 정말 가까이 가기 싫을 만큼 으스스하고 괴기스러운 모습을 하고 있었어.

좀비 마을의 좀비들은 세 종류로 나뉘었어. 움직이지 못하는 **밀랍 인형 좀비**, 간단한 동작만 할 수 있는 **로봇 좀비**, 연기자가 완벽하게 분장을 하고 움직이는 **사람 좀비**. 아빠는 가장 경계해야 할 좀비가 바로 연기자가 분장한 사람 좀비라고 하셨어.

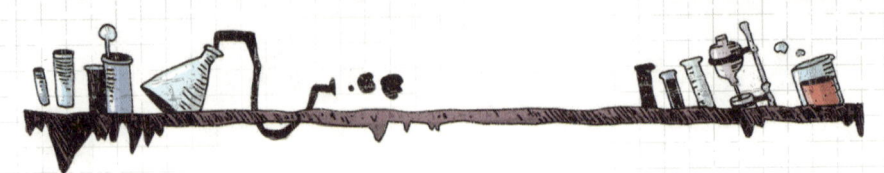

"모아야! 저건 인형 같아 보이지?"
"그런 것 같아. 근데 왜?"
"기다려 봐."

강해가 쥐와 바퀴벌레가 득실댈 것 같은 식당 앞에 앉아 있는 좀비를 향해 다가갔어.

"야! 뭐 하게?"

강해는 좀비에게

다가가더니 좀비 발아래에 놓인 채찍을 조심스럽게 집어 들었지.
그런데 그때였어. 힘없이 아래를 향하던 좀비의 팔이 강해를 향해 올라갔어.
"으악!"

강해는 깜짝 놀라 채찍을 집어던지고 도망쳤어. 나도 강해를 따라 뛰었지.

"헉헉! 인형이 아니었어."

강해 말대로 그 좀비는 분장을 한 사람이었지.

"너 왜 그랬어? 바이러스에 감염되면 어쩌려고?"

"아! 맞다! 바이러스! 바이러스 묻었어?"

다행히 강해 옷에는 붉은 자국이 없었어. 좀비 손에 몸이 닿으면 옷에 붉은 자국에 남는데, 그건 곧 좀비 바이러스에 감염된 걸로 쳐서 게임을 계속할 수 없게 되지.

강해는 그 채찍을 좀비에 맞설 물건으로 가지고 가려고

했던 거였어. 강해는 광장에 도착할 때까지 마을 곳곳에 놓인 다양한 물건들을 배낭에 챙겨 넣었어.

둥둥둥둥 둥둥둥.

마을 전체에 낮게 울려 퍼지던 북소리가 절정에 달했어. 우리는 드디어 종교 의식이 행해지는 광장에 도착했어. 우리 눈앞에는 끔찍한 광경이 펼쳐지고 있었어.

달팽이를 좀비로 만드는 기생충

달팽이의 기생충 중에는 새에게 잡아먹히도록 달팽이를 조종하는 것이 있어. 달팽이의 몸 색깔과 습성을 바꿔 좀비로 만들어 버리는 이 기생충은 원래 새의 몸에 기생하는 기생충으로, 아래의 순서를 반복해 살아가지.

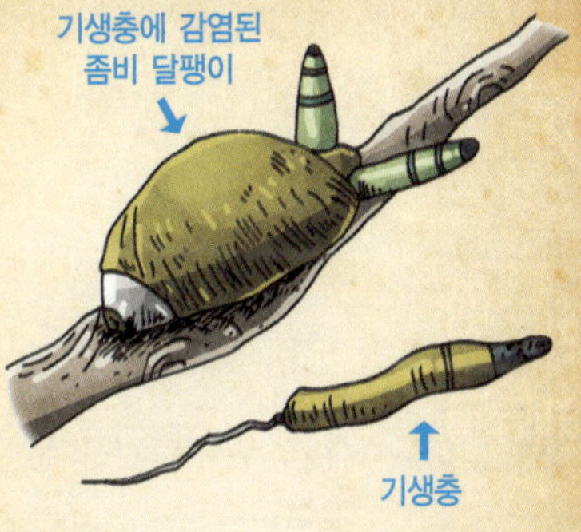

기생충에 감염된 좀비 달팽이

기생충

1 새의 몸에서 배설물과 함께 배출된다.

2 달팽이가 먹는 나뭇잎에 자리잡아 달팽이에게 먹힌다.

3 새의 눈에 잘 띄도록 달팽이 몸 색을 바꾸고 햇빛을 쫓아 이동하게 한다.

4 다시 새에게 먹혀 새의 몸에 기생한다.

끔찍한 쐐기풀 독의 해독제를 찾아라!

"우와! 멋지다!"

"저게 멋지냐? 난 무섭기만 하다."

정말 내 팔에는 소름이 돋아 있었어.

둥근 광장에는 좀비들이 둥글게 모여 춤을 추고 있었어. 한쪽에서는 좀비들이 모여 이상한 주문을 외우고 있었지. 그 속에는 세 종류의 좀비들이 뒤섞여 있을 텐데, 어떤 게 우리가 경계해야 할 사람 좀비인지 분간이 되지 않았지.

우리는 나무 뒤에 숨어서 **쿠파드레**가 무엇인지부터 알아내야 했어.

"쿠파드레가 뭐지? 먹는 건가? 아니면 좀비들의 보물?"

강해가 상상의 나래를 펴는 동안 나는 종교 행사장 안내판에서 답을 찾아냈지.

"알았어! 쿠파드레는 독약이야!"

"독약?"

"응, 여길 봐!"

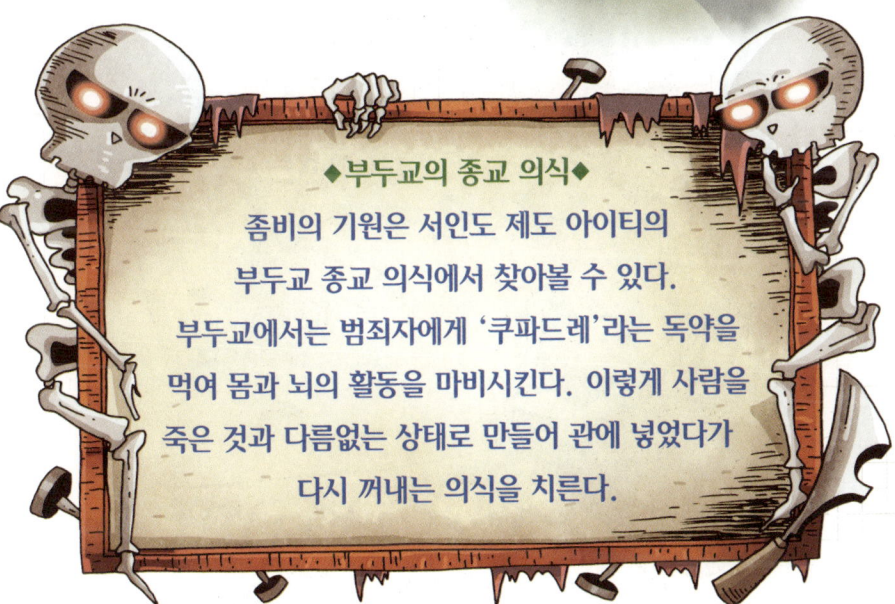

◆부두교의 종교 의식◆

좀비의 기원은 서인도 제도 아이티의 부두교 종교 의식에서 찾아볼 수 있다. 부두교에서는 범죄자에게 '쿠파드레'라는 독약을 먹여 몸과 뇌의 활동을 마비시킨다. 이렇게 사람을 죽은 것과 다름없는 상태로 만들어 관에 넣었다가 다시 꺼내는 의식을 치른다.

"으으~, 끔찍해!"

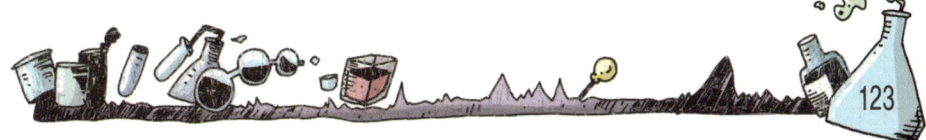

강해가 어깨를 움찔하며 말했어.

"내가 가지고 올게."

나는 조심스럽게 의식이 치러지는 광장으로 들어갔어. 그리고 나무에 묶인 **밀랍 인형** 옆에 놓인 병을 집어 들었지. 종교 의식대로라면 그 밀랍 인형은 아마도

범죄자인 것 같아 보였어. 나는 재빨리 그곳을 빠져나왔어. 누구도 내 행동을 의식하지 못했다고 생각하는 그때 강해의 비명이 들려왔어.

"악! 아악!"

내가 전속력을 다해 다가갔을 때 강해는 느릿느릿 움직이는 좀비들에게 서서히 포위되고 있었어. 넷이나 되는 좀비들이 서서히 다가가자 강해는 슬금슬금 뒷걸음질을 쳤지. 하지만 더 이상 피할 곳이 없었어. 뒤에는 거대한 철조망이 버티고 서 있었거든.

"강해야! 가지고 있는 물건들을 사용해 봐!"

내 말을 들은 강해는 배낭에서 그동안 주워 모은 물건들을 꺼냈어. 밀가루를 뿌리고 이상한 향수를 뿌렸지만 좀비들은 꿈쩍하지 않았지.

"모아야, 안 돼! 소용이 없나 봐."

'어떡하지? 여기서 멈출 수는 없어.'

나는 급히 고수에게 문자를 보냈어.

 좀비들의 공격에 맞설 수 있는 물건이 뭐지?   08:12 PM

고수에게서 금세 답이 날아왔어.

✉ 손전등! 좀비들은 불빛을 싫어해! 08:13 PM

"강해야! 손전등 없어? 좀비들은 불빛을 싫어한대!"
"없어! 으허허헝~."

강해가 바닥에 쪼그리고 앉아 울음을 터뜨렸어.

이제 우리의 미션은 실패한 거야. 좀비들 손이 강해 몸에 닿으면 끝이니까. 나는 너무 실망해서 고개가 숙여졌어.

그런데 그때였어.

찰칵찰칵!

고개를 들어 보니 강해가 카메라를 꺼내 좀비들을 향해 플래시를 터뜨리고 있었어.

"으아아아아~!"

좀비들은 괴로워하며 뒷걸음질을 쳤어. 그 바람에 강해와 좀비들 사이에 거리가 생겼어. 그리고 어디선가 고수가 나타나 강해 앞으로 뛰어들었어.

"얼른 철조망을 잡고 올라가! 얼른!"

고수의 말에 강해가 철조망을 잡고 위로 올라갔어. 고수도 강해의 뒤를 따라 철조망 위로 올라갔지. 잠시 뒷걸음질 쳤던 좀비들이 다시 다가왔을 때에는 딱딱한 철조망만 있었어. 그들은 고개를 숙이고 더듬대다가

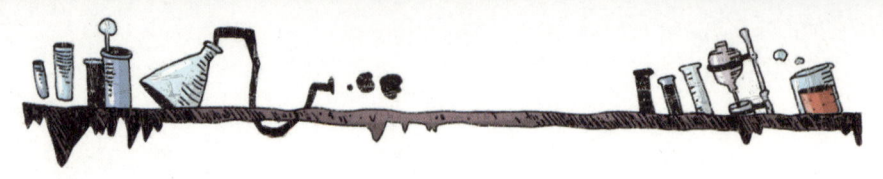

돌아서더니 휘적휘적 사라져 버렸어. 좀비들이 사라지자 강해와 고수가 철조망에서 내려왔지.

"관절이 굳어서 고개를 떨어뜨리고 걷는 좀비들을 피할 때는 무조건 위로 올라가면 돼!"

"우와! 그걸 어떻게 알았어?"

"쯧쯧! 어떻게 알긴! 마을 안내서에 다 나와 있어. 그러게 꼼꼼히 읽어 보라고 했잖아."

고수가 혀를 끌끌 차며 말했어.

"으윽, 고수야! 손가락이 점점 더 아파!"

해중이가 얼굴을 찡그리며 말했어. 그리고 보니 해중이의 오른손 손가락 하나가 벌겋게 부어 있었어.

"무슨 일이야?"

내가 물었어.

"미션을 수행하다가 해중이가 독초 가시에 찔렸어."

"독초 가시?"

고수는 스마트폰을 꺼내더니 내게 사진 한 장을 보여 줬어.

"일단 사진을 찍어 두고 인터넷에서 찾아봤는데 쐐기풀이래. 잎과 줄기에 포름산이 든 가시가 있어서 찔리면 쐐기나방의 애벌레인 쐐기에 물린 듯 따끔거려서 쐐기풀이라 부른대."

고수 말대로 해중이는 손가락이 벌에 쏘인 것처럼 따갑다고 했어.

"우린 그만 가 봐야겠어. 약초방에 있는 해독제를 마시면 낫는대서 약초방으로 가는 중이야."

고수가 이렇게 말하고는 해중이와 함께 좀비 마을 안쪽으로 사라졌어. 두 사람이 사라지자 강해가 내 손에 든 병을 낚아채며 말했어.

"야호! 이게 쿠파드레구나! 그럼 이제 우린 출구를 찾아 나가기만 하면 되는 거야?"

출구를 찾는 건 어렵지 않았어. 게다가 출구는 종교 행사장과 아주 가까운 곳에 있었지. 우리는 곧바로 좀비 마을에서 탈출했어. 다행히 주어진 시간 안에 미션을 수행할 수 있었지.

"미션 완료!"

밖으로 나오고 나니 고수와 해중이가 걱정됐어. 이유를 알 수 없는 불안감이 온몸을 오싹하게 만들고 있었지.

"어! 여기 구석에 이 사람, 오로라 아냐?"

강해가 카메라를 들여다보며 말했어.

"오로라?"

나는 강해 카메라를 들여다봤어. 사진들이 너무 어두워서 잘 분간이 되지 않았어. 내가 인상을 찌푸리자 강해가 카메라 화면을 확대시켰지. 그러자 강해가 가리키는 사람이 오로라 고모할머니라는 것을 금세 알 수 있었어.

"이게 언제 찍은 사진이야?"

"아까 좀비들이 다가올 때, 네가 좀비들이 불빛을 싫어한다고 했잖아. 그때 카메라 플래시가 떠오르더라. 그래서 좀비들을 향해 막 찍어 댄 사진들이야."

'이상해. 고모할머니가 여기 왜?'

"저기요, 약초방은 어디쯤에 있어요?"

"약초방? 그게 뭔데?"

"아, 아니에요."

나는 다른 스태프를 찾아 똑같이 물었어.

"약초방? 그런 건 처음 듣는데?"

나는 갑자기 초조한 기분이 들었어.

"좀비 마을에 있대요. 쐐기풀에 찔리면 약초방에서 해독제를 먹어야 한다고……."

내 말이 두서가 없어서 그랬을까? 매직 랜드 유니폼을 입은 아저씨는 고개를 갸웃거리며 알 수 없다는 표정을

지었어. 나는 불길한 예감이 들었어. 그리고 머리가 몹시 아파 오면서 머릿속에 이상한 장면이 떠올랐어. 언젠가 엄마가 말해 준 **뱀파이어들의 능력**이 내게도 나타나고 있는 듯했지. 무언가에 초집중할 때 내가 겪지 않았더라도 그 일과 관련된 중요한 영상이 떠오르는 일 말이야.

'으아아아~, 얼굴이 보이지 않는 어떤 사람의 손이 쐐기풀들을 가져다 놓고 그 속에 조심스럽게 유리구슬을 숨겨 놓고 있었어. 그 유리구슬은 분명 해중이 손에 들려 있던 것과 똑같았어. 그리고 서서히 일어서는 그 사람이 검은색 가방에서 유리병을 꺼내 들었지. 얼굴은 보이지 않았지만 웃고 있는 듯 음흉한 웃음소리가 들려왔어.'
 기분 나쁜 웃음소리와 영상은 서서히

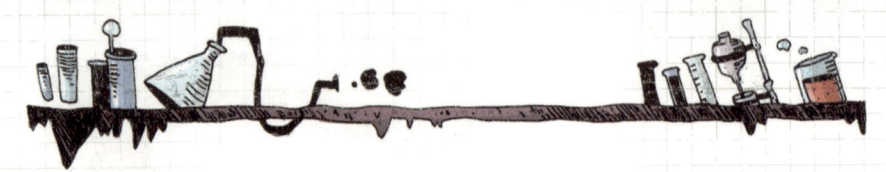

사라졌어.

"아아아~."

내가 두 손으로 머리를 잡고 빠르게 흔들자 강해가 걱정스러운 듯 물었어.

"피모아! 왜 그래? 어디 아파?"

"강해야! 큰일이야! 빨리 가 봐야 해!"

나는 이렇게 외치며 출구 안으로 들어갔어.

"이봐! 학생! 들어가면 안 돼!"

강해는 얼결에 나를 따라붙느라 우리를 막아서는 사람들을 제치고 힘들게 안으로 들어왔어.

"왜 그래? 어딜 가는 건데?"

"해중이와 고수가 위험해. 누군가 그 둘을 함정에 빠트린 것 같아."

순간 머릿속에 누군가가 고수와 해중이에게 마지막으로 미션이 적힌 카드를 전해 주던 일이 떠올랐지.

그때였어.

"여보세요? 고수야! 너 어디야?"

강해가 나를 따라오며 고수와 통화를 하고 있었어.

아뿔싸! 전화가 있었지! 나는 너무 당황한 나머지 고수에게 전화를 걸 생각을 하지 못했던 거였지. 나는

강해에게서 휴대 전화를 빼앗았어.

"너 어디야? 그 해독제 말이야……."

"피모아! 너 왜 그래? 뭐가 그렇게 급해?"

"내 말 잘 들어. 일단 그 해독제 절대 먹으면 안 돼."

다급한 나와 달리 고수는 차분한 목소리로 이렇게 말했지.

"모아야, 뒤돌아봐. 그럼 내가 보일 거야."

고수의 말에 나는 얼른 뒤를 돌아보았어. 약 10m쯤 뒤에서 휴대 전화를 든 고수와 유리병을 입으로 가져가고 있는 해중이가 눈에 들어왔지.

"해중아, 안 돼! 먹지 마!"

나는 큰 소리로 이렇게 외치며 최대한 빨리 해중이를 향해 달렸어. 아니, 날아올랐어.

우리 주변의 독초들

우리 주변에 있는 여러 풀 중 어떤 풀이 독초일까?

| 쐐기풀 | 미치광이풀 | 박주가리 | 애기똥풀 |

쐐기풀: 잎과 줄기에 포름산이 든 가시가 있다. 피부에 닿으면 쐐기나방의 애벌레인 쐐기에 물린 것처럼 따끔거려서 쐐기풀이라 부른다.

미치광이풀: 독성이 강해 먹으면 소화기가 마비되고 호흡이 느려지고 눈앞이 캄캄해진다. 심하면 환각 증상까지 나타난다.

박주가리: 독성이 있어 먹지 못한다. 씨를 찧어서 상처에 바르면 지혈을 돕고 줄기와 잎에서 나오는 하얀 액을 사마귀에 바르면 사마귀를 없앨 수 있다.

애기똥풀: 줄기를 자르면 나오는 노란 액이 건강한 아기의 똥과 닮아 붙여진 이름이다. 독성이 있어 먹지 못하지만 노란 액이 사마귀를 없애는 데 효과가 있다.

미스터리 과학

고대 이집트에서 발견된 좀비의 흔적

2007년 11월, 유명한 고고학자인 레니 프리드먼은 미국 고고학 연구소가 발행하는 인터넷 고고학지에 흥미로운 주장을 펼쳤다. 레니는 기원전 3천 년경에 건설된 것으로 보이는 고대 이집트의 히에라 콘폴리스의 무덤 안에서 좀비가 실제로 존재했다는 증거가 발견되었다고 주장했다.

무덤 내부 벽에는 손으로 긁은 수천 개의 자국이 발견되었고, 시신들은 수천 년이 지났지만 썩지 않았다며 말이다.

"고대 이집트에 일명 좀비 바이러스로 불리는 솔라넘 바이러스가 퍼져서 많은 시체와 미라들이 좀비로 되살아나 사람들을 공격했을 겁니다. 파라오는 그런 좀비들과 맞서 싸웠고 생포된 좀비들의 머리를 잘라서 산 좀비들과 함께 무덤에 묻었지요."

무덤 발굴에 참여한 고고학자들은 머리가 잘린 채로 몸이 칼로 수없이 베인 시신들은 좀비가 분명하다고 주장했다. 하지만 기사를 접한 사람들은 그러한 증거만으로 좀비의 존재를 믿을 수 없다며 의문을 표시했다. 과연 고대 이집트에서는 진짜로 좀비가 존재했던 걸까?

10

거울에 나타난
미스터리한 글자

 내가 쓰러진 해중이를 흔들어 깨워 보았지만 해중이는 꼼짝도 하지 않았어. 그리고 곧 어른들이 몰려왔어.
 "무슨 일이니? 어떻게 된 거야?"
 "이 병에 든 걸 먹었나 봐요. 얼른 병원으로 옮겨야 해요."
 내가 울먹이며 말하자 좀비 마을 직원 아저씨가 무전기를 들고 응급 구조 요청을 했어. 해중이가 급히 실려 가고 난 뒤, 깨진 병에 남아 있는 음료가 성분 분석을 위해 수거되었어.
 "너희가 우리를 좀 도와줘야겠다."

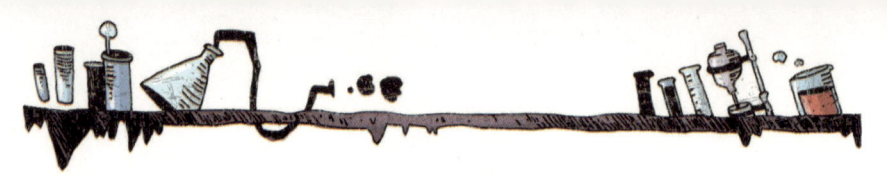

　나와 고수, 강해는 매직 랜드의 직원으로 보이는 아저씨들을 따라나섰고, <u>좀비 마을</u>의 서바이벌 게임은 그렇게 끝이 났어.

　우리가 들어간 방에는 CCTV들이 한쪽 벽면을 가득 채우고 있었어. 퍼즐을 끼워 맞춘 것 같은 모니터 화면들을 조금 떨어져서 바라보면 좀비 마을 전체가 한 눈에 들어왔지. 우리는 그 커다란 방 안에 있는 또 다른 문을 통해 작은 방으로 들어갔어.
　방 안에 들어가자 아빠가 앉아 계셨어. 아빠를 보자 불안했던 마음이 편안해지면서 갑자기 울컥하고 울음이 터질 것만 같았지.
　"자, 일단 편안하게 앉아서 무슨 일이 있었던 건지 한번 말해 보렴."
　아빠 말에 고수가 침착하게 입을 열었어.
　"우리는 그냥 카드에 적힌 미션대로 따라 했을 뿐이에요."
　"어디 그 카드 좀 볼까?"
　고수가 주머니에서 종이를 꺼내 펼치더니 탁자 위에 올려놓았어.

"유리구슬을 찾는 건 어렵지 않았는데, 해중이가 풀숲에서 구슬을 꺼내다가 손가락을 가시에 찔렸어요. 그래서……."

"가만! 좀비 마을에 약초방이란 게 있었나?"

"없습니다. 미션 내용도 좀 이상하고……."

아빠의 물음에 우리를 데리고 온 직원 아저씨가 고개를 갸웃거리며 말했어.

"맞아요. 고수랑 해중이는 이 미션 카드를 직접 뽑지 않았어요."

"그게 무슨 말이지?"

 나는 미션이 적힌 카드를 뽑았던 당시 상황에 대해 차근차근 설명했어.

 "그러니까 누군가 너희에게 마지막 카드를 따로 가져다주었다는 말이지?"

 "네, 빨간 모자를 푹 눌러쓴 형이었어요."

 "지금 당장 CCTV를 확인해 보게."

 아빠 말에 직원 아저씨가 방에서 나갔어. 고수와 강해도 아빠에게 허락을 받고 아저씨를 따라 나갔지. 그 바람에 작은 방 안에는 아빠와 나 둘만 남게 되었어.

 "아빠! 누군가 해중이를 위험에 빠뜨리려고 일을 꾸민 게 분명해요."

 "어떻게 그렇게 확신하는 거니?"

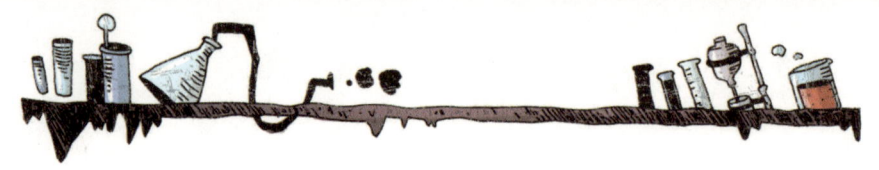

 "일이 터지기 전에 불길한 예감이 들면서 머릿속에 이상한 영상이 떠올랐어요. 누군가 유리구슬을 숨겨 놓고 검은색 가방에서 유리병을 꺼냈어요. 해중이가 마시려던 그 병이랑 똑같은 거였어요."

 "음……."

 아빠는 고개를 끄덕이더니 잠시 아무 말도 하지 않았어. 내게 가끔씩 그런 이상한 능력이 나타난다는 걸 아빠는 알고 있었고 이번에도 인정하시는 것 같았지.

 그 순간 나는 강해의 카메라에 오로라가 찍혔던 게 떠올랐어.

 "아빠! 혹시 고모할머니가 오늘 여기 오셨나요?"

 "오로라 고모님 말이냐? 아빠는 모르는 일인데?"

 "아빠! 혹시 그 범인이……."

 내가 조심스럽게 말을 꺼냈어.

 "그래, 무엇이든 말해 봐."

 "혹시 오로라 고모할머니가……."

 그때, CCTV를 확인하러 나갔던 사람들이 들어왔어.

 "마지막 카드를 주고 간 사람이 CCTV에 찍혔습니다. 모자 때문에 얼굴이 잘 보이지 않아서 다른 직원들이 지금 그가 누군지 찾는 중이에요."

　아빠가 직원 아저씨와 함께 밖으로 나가자 이번에는 뱀파이어 과학 탐정단만 남게 되었지.

　"휴~! 해중이에게 별일이 없어야 할 텐데……."

　강해가 한숨을 내쉬며 말했어.

　"사람들 말로는 좀비 마을에는 **약초방**이란 게 없대. 그런데 고수 넌 그 약을 어디서 가져온 거야?"

　"그럴 리가! 우리 지도에는 분명 약초방이 있었어."

　고수는 이렇게 말하며 가방 속에서 지도를 꺼냈어.

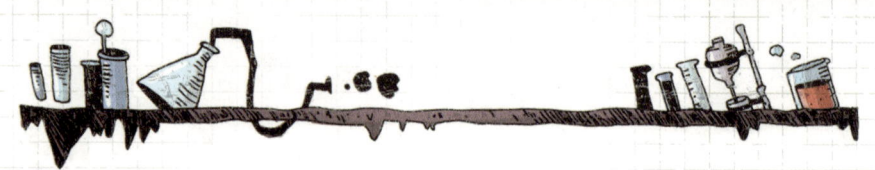

그리고는 손가락으로 약초방이란 곳을 짚어 보였지.

"이상하다. 여기 봐! 내가 가진 지도에는 주술사의 집이라고 나와 있어."

"두 지도가 똑같은데 그곳 명칭만 달라."

강해가 말했어.

우리는 두 지도를 가지고 방 밖으로 나갔어. 그리고 아빠를 포함한 어른들에게 두 지도의 다른 점에 대해 이야기해 주었지. 어른들은 우리가 보는 앞에서 주술사의 집을 찍고 있는 CCTV를 돌려 보았어.

"어! 잠깐! 저기 저 사람이야!"

"맞아. 마지막 카드를 건네준 사람과 같아."

그 사람은 주술사의 집으로 들어갔다가 한참 후에 밖으로 나오더니 집 앞에 걸린 푯말을 바꿔 달고는 바쁘게 사라져 버렸어. 그 사람은 고수와 해중이 팀에게 마지막 미션 카드를 건네준 사람과 같은 사람 같았어.

그리고 한 가지 더! 확실한 건 아니지만 그 사람을 어디서 봤는지 생각이 났어.

"강해야! 비너스 쇼 보던 날 생각나?"

내가 작은 목소리로 강해에게 물었어.

"그날이 왜?"

"그날 오로라와 해중이 곁을 맴돌았다던 그 사람 말이야."

"아아~!"

 강해가 잠시 동안 벌어진 입을 다물지 못하더니 재빨리 카메라를 꺼내서 그날 찍었던 사진들을 확인하기 시작했어. 그러고는 내게 사진 한 장을 들이밀며 이렇게 말했지.

"헉! 같은 사람이 맞는 거 같아."

 그때였어.

"저거 장수 아냐? 변장수!"

 CCTV를 확인하던 어른들 중 누군가가 큰 소리로 그렇게 외쳤어.

 아빠와 우리 뱀파이어 탐정단이 좀비 마을에 다시 들어섰을 때, 죽은 자들의 마을은 정말 쥐 죽은 듯이 고요했어. 아빠는 큰 사건이 터졌으니 당분간은 좀비 마을을 오픈 할 수 없을 거라고 했어.

 아빠가 아니었다면 우리가 좀비 마을에 다시 들어갈 수 없었을 거야. 아빠는 사람들에게 우리와 함께 들어가서 조사를 더 해 봐야 한다고 말했어. 우리가 약초방을

둘러보는 동안 아빠는 다른 직원들에게 변장수라는 직원에 대해 물어볼 게 있다며 가셨지.

"저기 봐! 분명 약초방이라고 붙어 있지?"

고수가 집 앞에 붙은 푯말을 가리키며 말했어.

"우리가 이걸 보고 안으로 들어갔는데, 이 위에 해독제라고 적힌 병이 있었어. 그걸 가지고 나온 거야."

고수가 작은 탁자를 가리키며 말했어. 그런데 밖으로 나오려는데 강해가 우뚝 멈춰 서더니 말했어.

"집 안에서 물소리 같은 게 들려."

우리는 다시 집 안으로 뛰어 들어갔어.

"여기서 나는 거 같아."

강해가 방 안쪽의 작은 문을 열었어.

"뭐야?"

내가 물었어.

"그냥 세면대만 있는 작은 욕실 같아. 그런데 누군가 물을 틀어 놓고 깜빡

했나 봐."
 안으로 들어가자 세면대 위로 뜨거운 물이 흘러나오고 있었어. 그 바람에 욕실 안이 뿌연 수증기로 가득했지.
 "얼른 잠그고 나가자!"
 강해가 수도꼭지를 잠그려고 하자 고수가 말했어.
 "저 거울 좀 봐!"
 세면대 위 거울이 서서히 김이 서리며 흐려지고 있었어.
 "수증기 때문에 뿌옇게 변하는 거잖아."
 그런데 내가 거울에 손을 대려는 순간 고수가 외쳤어.
 "만지지 마!"
 "왜?"
 "자세히 봐. 뿌옇게 변하지 않는 부분이 있어."
 고수는 스마트폰을 꺼내더니 과천소에 들어갔어.
 "잠깐 기다려봐! 언젠가 카페에 올라온 글 중에 욕실 거울에 나타난 글씨에 관한 게 있었는데……."
 그리고 보니 고수 말대로 거울 표면이 조금 이상했어.
 "찾았다! 비누로 거울에 비밀 글을 쓸 수 있대. 비누 속 계면 활성제가 표면 장력을 감소시키는데, 뜨거운 물을 틀면 비누가 닿은 부분에 김이 서리지 않으면서 글자가 나타난다는 거야."

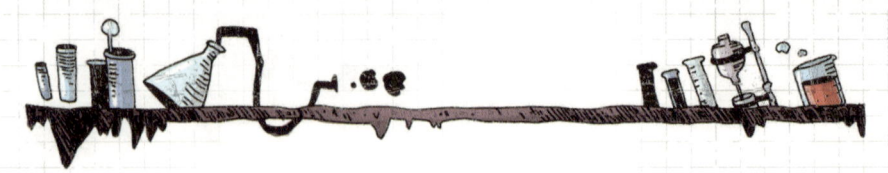

"하하하, 그러니까 고수 너는 범인이 여기에 메시지를 남겼다는 거야?"

강해가 웃으며 물었어. 그런데 나는 웃음이 나오지 않았어. 거울 속에 나타나는 글자가 점점 선명해지고 있었거든.

"현자의 망토."

고수가 또박또박 천천히 읽은 글자는 무척 놀라웠어. 바로 그때 아빠가 들어왔어.

"여기들 있었구나! 좋은 소식 한 가지 알려 주마. 해중이는 괜찮단다. 음료는 분석을 조금 더 해 봐야 하는데, 워낙 소량을 먹은 데다 응급 처치가 빨리 이뤄져서……."

아빠의 시선이 우리가 바라보던 거울에 머물렀어.

"근데 저게 뭐냐?"

"비누로 쓴 글씨래요. 누가 저걸 남겨 놓았어요."

내 말에 아빠는 아무 말도 하지 않았어. 그리고 나는 그런 아빠를 한동안 물끄러미 바라볼 뿐이었지.

비밀 글 제작 실험

욕실 거울에 비밀 글을 남기기 위해 다음과 같은 실험을 해 볼까?

- **실험 장소와 준비물:** 거울이 있는 욕실, 뜨거운 물, 비눗물, 두꺼운 붓
- **실험 방법**

  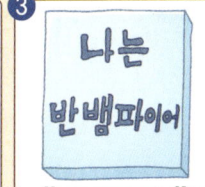

① 두꺼운 붓에 비눗물을 묻혀 욕실 거울에 글씨를 쓴다.

② 뜨거운 물을 틀어 놓아 거울에 김이 뿌옇게 서리도록 한다.

③ 글씨를 쓴 곳만 김이 서리지 않아, 글씨를 읽을 수 있다.

- **실험 속 과학 원리**
1. **김이 생기는 이유:** 수증기가 상대적으로 온도가 낮은 거울에 닿으면서 기체가 액체가 되는 '응결 현상'이 일어나기 때문이다.
2. **글씨 쓴 곳만 김이 생기지 않는 이유:** 비눗물 속의 계면 활성제가 물의 표면 장력(액체의 표면이 스스로 수축해 작은 면적을 취하려는 힘)을 낮춰 주기 때문에 욕실 거울에 김이 서리지 않아.

11

뱀파이어 탐정단, 지하 실험실에 갇히다!

　좀비 마을 사건이 터지고 일주일이 지났지만 해중이는 학교에 나오지 않았어. 고수 말로는 병원에서는 퇴원한 것 같지만 연락이 안 된다고 했어. 해중이가 학교에 오지 않는 동안 오로라는 학교와 실험실을 오가며 조용히 생활했어.
　나는 시간이 지날수록 점점 오로라가 의심스러웠어.
　사건이 있던 날 강해의 카메라에 찍힌 오로라의 모습, 약초방 욕실 거울에 나타난 글자, 해중이와 유독 친하게 지내던 오로라의 행동 하나하나까지 그냥 넘길 수가 없었지. 게다가 **비너스 쇼**를 보러 가던 날, 해중이가 간다고 하니 부랴부랴 나를 따라 나섰던 오로라! 그리고

 오로라와 해중이 곁을 맴돌다 강해의 사진에 찍혔던 남자! 그 남자는 누가 뭐래도 경찰의 용의 선상에 오른 변장수가 분명했어. **오로라와 변장수, 도대체 둘은 어떤 관계일까?**
 이런 의심은 나만의 것이 아니었어.
 늦은 저녁, 숙제를 핑계로 우리 집에 모였는데, 고수가 조심스레 내게 물었어.
 "모아야, 넌 우리보다 뭔가 더 알고 있지?"
 "뭘 말이야?"
 "거울에 쓰여 있던 '현자의 망토'. 그거 전에 네가 나에게 물었던 거잖아."

"맞아. 나도 기억나."
고수의 말을 강해가 거들고 나섰지.
"난……, 그게 거울에 적힌 거랑 어떤 관련이 있을지 생각 중이야."
당황해서 얼렁뚱땅 그렇게 말해 버렸지만 사실 그게 내 진심이었어.
사실 좀비 마을 사건이 터진 날, 집으로 오는 길에 나도 비슷한 질문을 아빠에게 했었지.
"아빠! 현자의

망토랑 오늘 일어난 일이랑 무슨 연관이 있을까요?"

"모아야, 아빠도 좀 더 알아봐야 할 것 같구나……. 변장수란 친구가 이번 일에 얼마만큼 개입되어 있는지도 그렇고. 단, 한 가지 명확한 건 해중이네 아빠가 연구 중인 물질이 고모님이 말씀하신 '현자의 망토'와 무관하지는 않다는 거야."

"그렇죠?"

내가 깜짝 놀라 되묻자 아빠는 얼굴을 찌푸리시며 내게 물어오셨어.

"그런데 너 설마 고모님을 의심하는 건 아니겠지?"

그때 난 어깨를 으쓱했을 뿐 아무 대답도 하지 않았지.

고수와 강해랑 내 방에서 해중이 사건에 대해 이야기를 나누다가 나는 잠깐 1층으로 내려갔어. 주방에 가서 물을 마시고 다시 2층으로 올라가던 찰나에 누군가 집 안으로 들어오는 소리가 들렸어.

'이 시간에 누굴까? 아빠? 엄마? 아니면 오로라?'

그런데 그때 들려온 건 아빠와 낯선 남자의 목소리였어.

"중요한 이야기를 나누기에는 여기가 가장 안전합니다."

아빠 목소리였어.

아빠가 어떤 아저씨와 거실에서 이야기를 나누었고,

"해중이는 잘 지내지요?"

"네. 학교에 나가고 싶어 하는데, 범인이 밝혀지기 전까지는 조심해야 할 것 같아서 아직 집에 데리고 있습니다."

아빠와 함께 온 사람은 해중이 아빠 같았어.

"메타 물질 관련 연구는 우리나라 과학계에서도 아주 중요한 일이라 경찰 쪽에서도 이번 일을 아주 중대한 사건으로 보고 있습니다."

"그렇겠지요. 어쨌든 제가 매직 랜드 공포 체험관의

총책임자인데, 이번 일에 대해 다시 한 번 사과를 드리겠습니다. 혹 실례가 안 된다면 그간의 일들을 좀 자세히 알 수 있을까요?"

두근두근 내 심장은 그때부터 빠르게 뛰기 시작했어.

"처음에는 죽은 자들의 세상을 만들기 위해 제 연구 결과가 꼭 필요하다고 하더군요. 그때까지도 누군가의 **짓궂은 장난**이라고 생각했습니다. 그런데 그 후 꽤 구체적인 제안이 들어오기 시작했습니다. 한번은 어마어마한 양의 돈을 들고 저를 찾아오기도 했지요."

해중이 아빠는 나중에 알고 보니 찾아온 사람이 바로 변장수였다고 했어.

해중이 아빠가 연구 결과를 절대 팔지 않겠다고 하자 그 후로 여러 가지 협박을 했다고 했지.

"경찰에 신고해서 본격적으로 수사가 시작될 즈음에 해중이에게 사고가 난

겁니다."

"그렇군요. 죽은 자들의 세상이라……."

아빠가 심각하다는 듯 말끝을 흐렸어.

"참! 매직 랜드 쪽에서 변장수란 사람에 대한 다른 단서가 더 나온 게 있나요?"

"아니요. 그자는 사건이 터진 날 이후로 자취를 감춰 버렸습니다. 좀비 마을 기획 단계에서부터 일했고 좀비들에 대해 모르는 게 없을 만큼 뛰어난 직원이었는데 그런 일을 벌일 줄이야……."

우리는 딱 거기까지만 엿듣고 조용히 방으로 돌아왔어.

"해중이 아빠가 분명해. 내가 목소리를 기억하거든."

고수가 대단한 거라도 밝혀낸 듯 말했어.

"메타 물질 관련 연구? 그건 뭐지?"

이번에는 강해가 물었지.

"해중이 아빠가 연구하는 걸 거야. 언젠가 해중이게 들은 기억이 나. 메타 물질은 금이나 알루미늄 같은 금속을 규칙적으로 배열해서 만드는 데, 빛을 일반적인 방향과 반대로 휘게 하는 성질을 갖는대. 해중이는 그걸 이용해서 언젠가 아빠가 빛의 움직임을 마음대로 조종해서 투명 망토를 발명해 낼 거라고 자랑했었어."

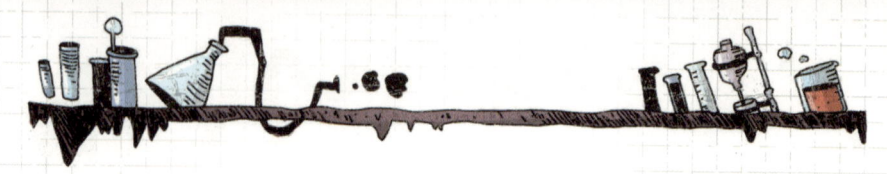

고수는 아주 작은 목소리로 말했어. 그리고 그 순간 나는 갑자기 머리를 세게 얻어맞은 것처럼 멍한 기분이 들었어.
'빛……, 투명 망토…….'

문득 오로라가 내 방에 처음으로 왔던 날, 수조에 물을 담아 레이저 포인터로 비추던 실험이 떠올랐어. 그때 분명 메타 물질에 대해 이야기를 했었어. 그리고 메타 물질을 이용해 만든다는 **투명 망토**가 어쩌면 우리가 궁금해 하던 **현자의 망토**일지도 모른다는 생각이 떠올랐어.

'그럼 해중이네 아빠가 말한 죽은 자들이란? 혹시…….'
"해중이 아빠의 말대로라면, 변장수가 해중이 아빠의 연구 결과를 큰돈을 줄 테니 팔라고 한 거 같아."
"그래. 그런데 해중이 아빠가 거부하자 그 사람들이 해중이네 아빠에게 협박을 했나 봐. 맞지?"
고수와 강해가 말했어.

잠시 후에 나는 아빠와 해중이네 아빠가 집 밖으로 나가는 걸 확인했어. 그리고 잠시 고민한 끝에 탐정단에게 고백했어.
"나 말이야, 가장 유력한 용의자가 누군지 알 것 같아."
"정말? 그게 누군데?"
강해가 카메라를 꺼내들며 물었어. 당장 나올 그 어떤

단서든 촬영을 할 준비가 되어 있다는 자세였지.

"나를 따라와."

나는 탐정단을 지하 실험실로 데리고 갔어. 책장처럼 생긴 문을 밀고 안으로 들어가자 고수와 강해의 입에서 감탄사가 쏟아져 나왔어.

"대단해! 내가 본 실험실 중 최고야!"

고수가 여기저기를 두리번거리며 각종 실험 장비들에서 눈을 떼지 못했어.

"여긴 오로라의 실험실이야."

"말도 안 돼. 여기는 우리 같은 애들이 장난치는 곳 같지 않은데?"

나는 어디서부터 이야기를 시작해야 할지 몰랐어. 마음은 이미 오로라를 이번 사건의 유력한 범인으로 꼽고 있었지만 대체 오로라가 왜 그런 무시무시한 일을 벌여야 했는지 이해가 되지 않았지.

"내가 예전에 고수한테 '현자의 망토'에 대해 물어본 적이 있었어. 그때 나는 오로라가 아빠에게 하는 말을 우연히 들었어."

"뭐라고 말했는데?"

"그건 몰라. 그런데 이상하지 않아? 왜 하필 약초방 욕실

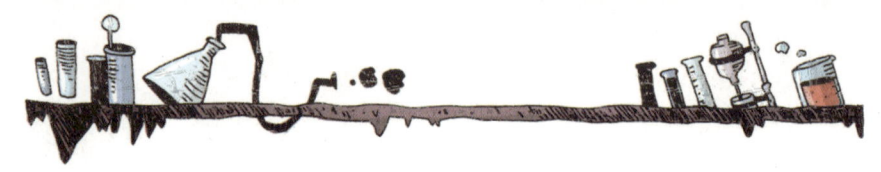

거울에 현자의 망토란 글자가 쓰여 있었을까?"

조심스런 내 물음에 강해가 눈치를 채고 다시 되물었어.

"너 혹시 오로라를 의심하는 거야?"

나는 대답을 피한 채 계속 말했어.

"이상한 건 또 있어. 최근 들어 해중이와 부쩍 친하게 지냈다는 점, 그리고 **좀비 마을**에서 찍은 사진 속에 오로라가 찍혀 있다는 점."

그런데 바로 그때였어.

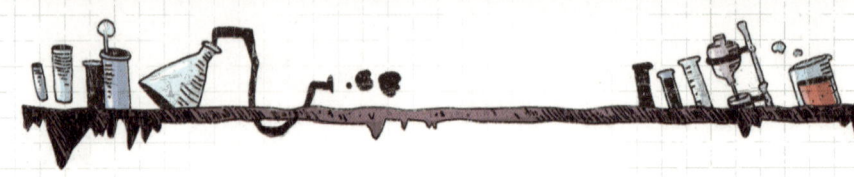

문 쪽에서 '덜컥' 하는 소리가 들리더니 실험실 안 불이 모두 꺼졌어. 순간 실험실이 암흑 세상으로 바뀌어 버렸지.
"어……, 어떡해. 전기가 나갔나 봐!"
강해의 목소리는 잔뜩 겁에 질려 있었어.

메타 물질과 투명 망토

메타 물질은 원래 자연계에 존재하지 않는, 만들어 낸 물질들을 이르는 말이야. 자연계의 모든 물질이 휘는 정도의 차이만 있을 뿐, 모두 양의 굴절률을 갖는 데 비해 메타 물질은 빛을 보통과 반대 방향으로 휘게 해. 이러한 음의 굴절은 영화 〈해리포터〉에 나오는 투명 망토처럼 신기하고 놀라운 현상을 일으켜. 음의 굴절을 가진 메타 물질을 여러 겹으로 쌓아 그 안에 어떤 물체를 넣어 놓았다고 하자. 이때 빛의 경로를 조절해서 빛이 메타 물질을 만나 휘어지거나 물체를 비껴가게 되면 우리 눈에 보이지 않게 되는 거야.

일반 물질 / 메타 물질
양의 굴절 / 음의 굴절

하늘에 태양이 세 개?

2012년 12월 10일, 중국의 상하이 하늘에 세 개의 태양이 떴다. 사람들은 이 희귀한 현상을 지켜보며 지구가 멸망하려는 징조라 생각하고 두려워하기도 했다.

하늘에 태양이 두 개, 혹은 세 개가 나타나는 현상은 세계 곳곳에서 목격되고 있다. 2011년 12월 중국의 내몽고 하늘에서도 태양이 선명하게 세 개로 보이는 일이 목격되었고, 그 이전인 2011년 5월 2일, 우리나라 강원도의 대관령에서도 태양이 두 개로 보이는 현상이 약 7분 동안 계속되었다.

'으으으~, 태양이 세 개라니? 지구 멸망의 징조인가 봐.'

사람들은 불안해했지만, 과학자들은 하늘에 태양이 두 개, 혹은 세 개로 보이는 것은 지구 멸망과는 전혀 상관없는 지극히 과학적인 현상이라고 설명했다. 특히 남극에서는 심심치 않게 일어나는 일이라고 한다.

'환일 현상', '무리해'라고도 부르는 이러한 현상은 맑고 차가운 날, 대기에 떠 있는 미세한 얼음 조각에 태양 빛이 굴절 반사되면서 나타나는 현상이다.

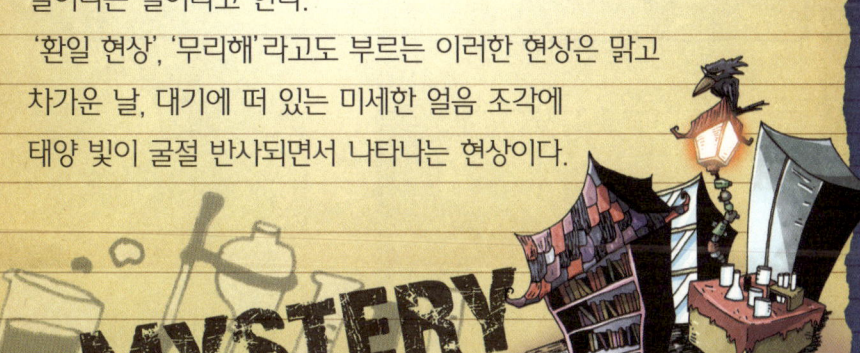

변장수와 탐정단의 아찔한 게임 한판!

 갑자기 암흑으로 변해 버린 실험실을 밝히는 건 그리 어려운 일이 아니었어. 양초는 물론 알코올램프도 여러 개 있었으니까. 그런데 나가려고 보니 문이 열리지 않았어.
 "너, 여기 들어온 게 설마 오늘이 처음이야?"
 강해 목소리에 울음이 가득했어.
 "아니. 근데 내가 안에서 문을 열어 본 적은 없어."
 "으아아악! 어떻게 해. 누가 밖에서 문을 잠갔나 봐."
 그때였어.
 지지지지이이이이익~.
 실험실 구석에 놓인 작은 모니터가 요란한 소리를 내며

켜졌어. 우리는 깜짝 놀라 순간 본능적으로 셋이 꼭 붙어 섰지. 모니터 화면은 점점 고르게 되더니 누군가 나타났어.

"뱀파이어 과학 탐정단! 멋진 이름에 비해 하는 행동은 너무 허술하군! 어때? 너희도 그렇게 생각하지?"

모니터에서 말을 걸어온 사람은 **변장수** 같았어. 아니, 우리가 CCTV에서 확인했던 그 얼굴, 변장수가 확실했지.

"넌 좀비 마을에서 만났던 그 변장수?"

"맞아. 하하하! 지금 그 까짓 걸 맞추고 으쓱해하는 건 아니지?"

변장수 목소리는 듣는 것만으로도 기분이 나빠졌어.

"으으, 전화가 왜 안 되는 거야?"

강해는 실험실에 불이 나가고 난 뒤부터 계속 외부와 전화 통화를 시도했어. 하지만 무슨 일인지 발신이 불가능하다는 메시지만 떴지. 그건 고수의 휴대 전화도 마찬가지였어. 나는 휴대 전화를 방에 두고 오는 바람에

그마저도 할 수 없었지.

"이번 사건에서 너희가 저지른 가장 큰 실수가 뭔지 알아?"

"실수?"

"그래. 그건 바로 범인으로 지목된 내가 남긴 메시지를 너희가 주요 단서로 이용했다는 점이야. 그런 바보 같은 짓만 하지 않았어도 너희 셋 모두 이 방으로 스스로 걸어 들어오는 어리석은 실수를 하지는 않았을 텐데 말이야, 흐흐흐흐……."

나는 변장수가 하는 말이 무슨 말인지 알아챌 수 없었어.

"고수야, 저게 무슨 말이지?"

"약초방 거울에 남겨 놓은 메시지! 그게 **함정**이었던 거야. 오로라를 범인으로 오해하게 하려고 남겨 놓은!"

나는 그때서야 머리가 환해지는 기분이 들었어.

"아뿔싸!"

도대체 왜 그 생각을 미리 하지 못했던 걸까? 거짓 미션이 담긴 카드를 건네주고 해중이에게 독이 든 음료를 먹게 하려던 범인이 남긴 메시지로 또 다른 범인을 찾으려 했다니!

"쯧쯧! 반뱀파이어 녀석이라 그런가? 이해력이

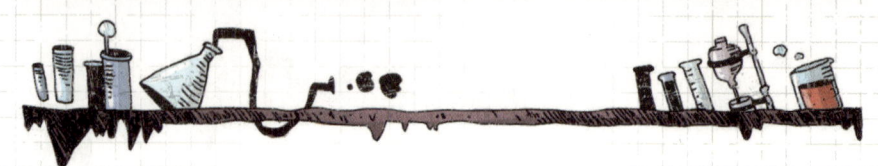

뱀파이어만 못하는군 그래."

나는 순간 꼼짝도 할 수 없었어. 내가 반뱀파이어라는 사실을 알고 있다니! **변장수의 정체는 뭐지?**

다행히 공포에 질린 고수와 강해는 변장수가 무슨 말을 하는지 모르는 것 같았어.

"자, 어리바리 탐정단! 이제 나와 **본격적인 게임**을 시작해 보는 게 어때?"

나는 너무나 분해서 머리끝이 삐죽 서는 것만 같았어.

"게임? 그게 뭐지?"

"사실 말이야. 처음에는 이렇게까지 할 생각은 아니었어. 그저 내 계획을 방해한 너희를 여기로 불러서 잠깐 혼 좀 내 주고 끝내려 했지. 그런데 말이야. 여기 들어와 보니 이곳은 오로라가 단순히 장난감을 가지고 노는 곳이 아니라는 걸 알게 되었지. 상상했던 것 이상으로 아주 훌륭한 실험실이더군."

"그래서 그게 어쨌다는 거야?"

내가 물었어.

"안타깝게도 이번에는 너희의 방해로 내 꿈을 이루지 못했어. 그래서 그 대가를 너희가 치르게 하려고 해. 나는 너희와 이 실험실을 날려 버릴 계획이야. 어때? 멋지지

않아?"

"흥! 컴퓨터 게임을 너무 많이 한 거 아니야?"

강해가 혼잣말을 하듯 중얼거렸어.

"꼬마 아가씨! 그 입 조심해! 내가 꿈꾸는 세상은 컴퓨터 밖에 있어. 컴퓨터 게임과 똑같은 세상을 현실에서도 만들어 낼 거라고! 알겠어?"

얼굴이 빨개진 변장수가 부르르 떨며 화를 냈어.

"자! 이제 내 방식대로의 게임을 시작하자!"

나는 갑자기 두려움이 몰려왔어. 이번에는 그 두려움 때문에 머리끝까지 전율이 느껴졌지.

"으으으으~."

옆에 선 강해 역시 어깨를 떨며 불안해하고 있었어.

"강해야, 걱정하지 마! 분명 우리가 이길 수 있어."

나는 나지막한 목소리로 이렇게 말하며 강해를 안심시켰어.

"내가 그 실험실 안에 **폭발물**을 하나 가져다 놓았어. 시간은 단 오 분! 오 분 안에 폭발물의 작동을 멈추게 하던가, '걸음아 날 살려라' 하고 이곳에서 도망치는 거야. 참! 난 마음씨가 착하니까 너희를 위해 이쯤에서 전등불을 켜 주도록 하지. 단, 기억해! 불이 켜지는 순간부터 정확히

오 분 뒤에 폭발물을 터질 거야! 으하하하!"

소름 끼치는 웃음소리가 잦아들면서 모니터 화면이 꺼졌어. 그리고 곧바로 실험실 안의 전등이 켜졌지.

째깍째깍 째깍째깍 째깍째깍 째깍째깍.

시계 초침 소리가 우리를 불안하게 했어.

"엄마아아아아~."

"강해야, 울지 마! 지금이 우리가 제일 침착해야 할 때야."

"맞아. 쉿! 그래야 폭발물을 찾을 수 있어."

고수가 지금 당장 우리가 해야 할 일을 상기시키자 강해의 울음소리가 잦아들었어.

시계 소리를 찾아가니 폭발물은 금세 찾을 수 있었어.

폭발물은 비교적 간단해 보였어.

"이거 혹시 가짜 아닐까? 그냥 우리를 좀 무섭게 하려고……."

"아니. 그런 거 같지 않아. 이건 **액체 폭탄** 같아. 이 두 액체가 섞이면 터지는 거지. 아마 시간이 되면 여기 가로막이 열리면서 액체가 섞이도록 만들어진 거 같아."

고수는 가끔 너무 쓸데없는 걸 알고 있는 게 흠이야.

"벌써 1분이나 지났어. 전화도 안 되고 이제 어떻게 하면

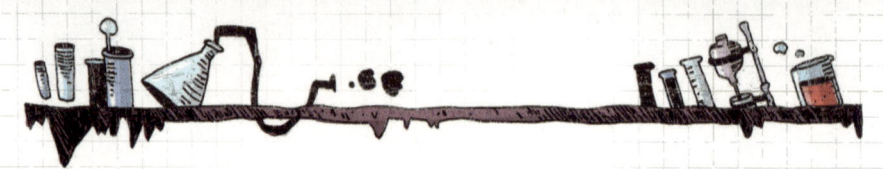

좋지?"

 강해는 손을 부들부들 떨며 계속 통화를 시도하고 있었고, 고수는 실험실 곳곳을 둘러보며 무언가를 찾고 있었어.

 "최고수! 너 뭘 찾아?"

 "냉장고! 아니, 얼음! 여기 얼음이 있을까? **시한폭탄**을 멈추게 하려면 폭발물을 냉동시켜야 해!"

 나는 얼른 오로라가 얼음을 꺼냈던 냉동고를 열어 확인했어. 냉동고 안에는 얼음이 있었지만 그 정도 얼음으로 폭발물을 얼린다는 건 불가능해 보였지.

 "폭발물을 냉동고에 넣어 버릴까?"

 "소용없어. 3분 30초 만에 작동을 멈출 정도로 꽁꽁 얼어 버리지 않을 거야."

 "아아~, 그럼 어쩌지?"

 그때였어. 벽에 붙은 유리장의 문이 스르르 열리더니 유리장 속에서 커다란 보온병 같은 게 바닥으로 툭 하고 떨어졌어.

 "뭐지?"

 나는 가까이 다가가서 병을 들어 확인했어.

 "액체 질소?"

"뭐? 그게 액체 질소라고?"

"응. 그렇게 적혀 있어."

"야호! 여기 이런 게 있다니! 이건 질소 기체를 섭씨 영하 196°로 냉각시켜 액체로 만들어 낸 거야."

고수는 네모난 철제 박스를 찾아 시한폭탄을 조심스레 넣고 두 손을 수건에 둘둘 말더니 액체 질소가 든 병의 뚜껑을 열었어. 그리고는 천천히 폭탄을 향해 부었어.

"그렇게 하면 어떻게 되는데?"

"급속 냉동시키는 거야. 폭발물의 모든 작동을 멈추게 하는 거지."

째깍째깍 째깍째깍.

"아직 움직이는데? 이제 2분도 안 남았어."

병에 든 액체 질소가 바닥나자 폭발물이 액체 안에 쏙 잠겼어. 하지만 시계 소리는 여전히 들렸지.

"제발! 제발 좀 얼어라!"

고수 이마에서 땀이 흘러 내렸어.

"아아, 30초……, 20초……, 10초……."

째깍, 째깍, 째깍!

10초도 채 남지 않았을 때, 초침소리가 점점 둔해지는 것 같더니 드디어 시계가 작동을 멈춰 버렸어.

"야호!"

우리는 하마터면 멈춰 버릴 뻔했던 심장을 서로 맞대고

환호를 지르며 껑충껑충 뛰었어.

"이러고 있을 때가 아니야. 1초라도 빨리 이 실험실에서 빠져나가야 해."

나는 이렇게 말하고는 있는 힘을 다해 책장 문을 밀었어. 하지만 꼼짝도 하지 않았지.

"소용없어. 정말 밖에서 잠긴 거 같아."

"으악! 휴대 전화 배터리가 떨어져 꺼졌어."

"나도!"

고수가 똑똑한 폰을 탁자 위에 내려놓으며 고개를 숙였어.

"휴! 이대로 누가 올 때까지 기다려야 하는 건가?"

나는 다리에 힘이 풀리면서 바닥에 털썩 주저앉았어. 그런데 그 순간, 한쪽 벽에 기대 있던 커다란 패널이 앞으로 툭 하고 쓰러졌어.

"뭐야?"

"저게 저절로 쓰러졌어."

내가 손가락으로 패널을 가리키며 말했어.

가까이 다가가니 패널로 가려졌던 벽에 **둥그런 구멍**이 나 있었어. 나는 구멍으로 몸을 밀어 넣어 올려다보았어. 마치 둥그런 터널처럼 생긴 통로는 튜브형 미끄럼틀처럼

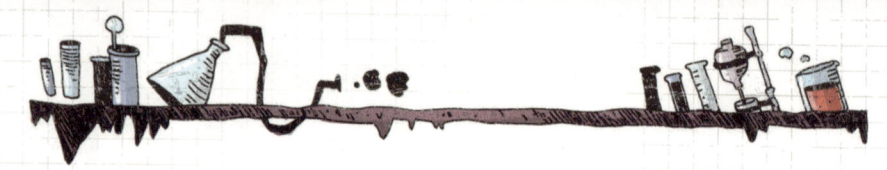

구부러져서 위로 향해 있었지. 그 끝에는 희미한 빛줄기가 들고 있었어. 그걸 바라보는데 문득 2층 내 방 창으로 들어오던 오로라 할머니와 할머니의 박쥐가 떠올랐어.

나는 강해를 제일 먼저, 그 뒤로 고수를 앞세우고 조심스럽게 기어올라 왔어. 그렇게 뱀파이어 과학 탐정단은

끔찍한 지하 실험실에서 무사히 탈출했지.

내가 119에 전화를 걸기 위해 집 안으로 뛰어들기 무섭게 마당으로 한 무리의 어른들이 뛰어 들어오는 게 보였어.

누군가 이미 119에 신고를 했나 봐.

액체 질소의 요모조모

액체 질소는 질소를 액화한 거야. 기체 상태의 질소를 영하 196℃까지 냉각시켜서 얻어 내지.

액체 질소는 맛과 냄새가 없고 무독성이라 식품을 급속 동결시킬 때나 저온 수송차의 온도를 낮게 유지할 때 이용돼. 마트에서 볼 수 있는 냉동 만두, 냉동 피자와 같은 냉동식품들을 대부분 액체 질소를 이용해서 급속 냉동시킨 제품들이야. 액체 질소 동결 저장법은 원래 음식의 맛을 보존하고 신선도를 높이는 데 효과적이야.

저온 수송차

냉동식품 진열대

에필로그

연기처럼 사라진
오로라가 보낸 편지

  119 구조 대원들과 함께 도착한 폭발물 처리반은 시한폭탄의 작동을 멈추게 한 게 고작 초등학생의 작품이라는 걸 믿을 수 없어 하는 눈치였어.
  그날부터 오로라의 실험실에는 경찰들이 밤낮을 가리지 않고 드나들며 변장수의 흔적과 또 다른 수상한 흔적들은 없는지 찾아내려 애썼지.
  그런데 정말 신기한 것은 그 누구도 오로라가 지하실 실험실의 주인이었다는 것을 인정하지 않았다는 점이야.
  "음, 오로라? 그게 누군지 모르지만 초등학생의 것으로 보이는 흔적은 전부 너희 세 명의 것이었어."

 수사대의 말처럼 오로라는 흔적 하나 남기지 않고 어디론가 사라졌지. 나는 오로라가 왜 그렇게 급하게 떠났는지 궁금했어.

 "아빠! 고모할머니는 **현자의 망토**를 만드는 데 성공하신 거죠? 그렇다면 도대체 그걸 어디에 쓰시려는 걸까요?"

 "사실 나도 잘 모른단다. 하지만 예전부터 그런 말씀을 하시긴 했지. 원하는 걸 얻게 되면 조용히 사라질 거라고. 고모님은 우리 집에 오실 때부터 알고 계셨단다. 그 기술을 이용해서 죽은 자들의 세상을 만들려고 하던 이들의 계획을 말이야. 아마 그들을 막기 위해서 고모님에게도 꼭 필요했던 걸 거야. 고모님이 해중이와 친하게 지낸 것도 해중이 아빠를 협박하려는 놈들의 계획을 눈치챘기 때문이지."
 아빠의 말을 듣고 나니 내가 고모할머니를 잠시나마 의심했다는 사실이 몹시 미안해졌어.

얼마 뒤, 변장수가 잡혔어.
그런데 아무 말도 하지 않고 계속 묵비권을 행사하고 있다는 소식이 들려왔지. 그리고 일주일쯤 지났을까? 변장수가 입을 열면서 수사가 급물살을 탈 거라는 예상과 달리, 고수와 강해를 포함한 사람들의 반응은 아주 싸늘했어.
 "푸하하하하하! 변장수가 자신을 매수한 이들을

좀비들이라고 지목했대."

"뭐? 좀비? 그걸 믿으라고?"

고수와 강해가 무척 어이없다는 듯 말했어.

수사 기관과 전문가들 역시 변장수가 일부러 자신이 정신적으로 문제가 있는 것처럼 보이려 한다고 말했어. 그래야 커다란 처벌을 피할 수 있을 테니까. 처음에는 나도 변장수의 말을 믿지 않았어.

그런데 며칠 후 오로라에게서 편지가 날아왔어.

피 백작, 피모아 보거라!

얼마 전에 잡힌 변장수는 한 마리의 피라미일 뿐이야. 그 뒤의 검은 세력은 어마어마하게 강한 놈들이지. 다행히 그놈들이 현자의 망토를 손에 넣으려던 계획은 실패로 돌아갔어. 놈들이 다시는 죽은 자의 세상을 꿈꾸지 못할 거야. 그건 내가 장담하지.

놈들의 계획이 실패한 데는 뱀파이어 과학 탐정단의 도움이 컸단다. 탐정단에게 꼭 고맙다는 말을 전해 줘.

피 부자를 사랑하는 오로라가!

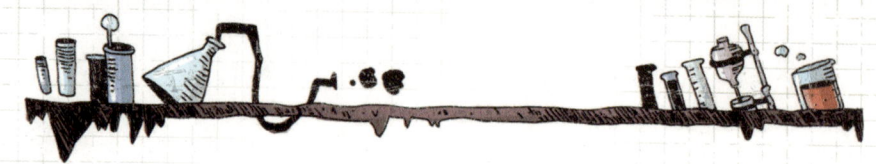

    오로라의 편지 이후로 나는 오로라가 말하는 죽은 자들이 좀비를 뜻하는 건지도 모른다는 생각이 들었어.

    그리고 언젠가부터 걸어 놓은 옷이나 액자가 바닥으로 떨어지거나 하면 주위를 두리번거리는 버릇도 생겼어. 그리고 가끔씩 이렇게 외치곤 해.

    "고모할머니! 잠시 할머니를 오해했던 거 용서해 주세요! 지하 실험실에 다시 오시면, 제가 실험 조수 노릇 잘할게요!"

    혹시 알아? 현자의 망토를 뒤집어쓴 오로라가 내 옆에서 '으하하!' 하고 웃고 있을지!

과학 개념과 초등 교과 연계 내용

과학 개념	본 책	학년-학기	단원
계면 활성제	149p, 151p		과학 상식
공전 궤도	100p	6-1	1. 지구와 달의 운동
과일 전지	23p, 28p	6-2	1. 전기의 이용
금성과 수성	100p, 109p	5-1	2. 태양계와 별
기화열	72p, 79p, 82p, 83p	5-1	1. 온도와 열
낙뢰(벼락)	21p		과학 상식
대류 현상	82p	5-1	1. 온도와 열
라인트레이서 로봇	56p		과학 상식
메타 물질	44p, 159p, 164p		과학 상식
부분 일식	108p	5-1	2. 태양계와 별
분자와 원자	57p, 80p		과학 상식
빛의 굴절	42p, 45p	6-1	2. 렌즈의 이용
수증기	149p, 151p	4-2	2. 물의 상태 변화
액체 질소	175p, 179p		과학 상식
온실 효과	109p	5-2	3. 날씨와 우리 생활
응결 현상	151p	4-2	2. 물의 상태 변화
크로마토그래피	81p, 90p, 95p	4-1	5. 혼합물의 분리
태양의 흑점	102p	5-1	2. 태양계와 별
표면 장력	149p, 151p		과학 상식
환일 현상	165p		과학 상식
힘의 분산	69p	4-1	4. 물체의 무게